AF342857

CHOIX

DE
PETITES PIECES
DU
THÉATRE ANGLOIS,

Traduites des Originaux.

In tenui labor.........

Virg. Georg. 4.

TOME I.

A LONDRES

Et se vend,

A PARIS, chez PRAULT Fils, à
l'entrée du Quay de Conty, à la Charité.

M. DCC. LVI.

Fin de la Table.

AVERTISSEMENT DU TRADUCTEUR.

Grace à plufieurs de nos Ecrivains, le haut comique des Anglois ne nous eſt pas abſolument inconnu ; je laiſſe à leurs plumes habiles le ſoin d'achever une ſi belle entrepriſe. C'eſt un parterre vaſte & agréable où la foule des fleurs qui nous appartiennent, ne doit point nous dérober celles qui nous ſont étrangeres. J'ai crû qu'on ne ſeroit pas fâché de connoître auſſi les petites Piéces de nos voiſins, puiſqu'enfin elles ſont partie de leur Théâtre, qu'à l'exemple du nôtre on les y joue après les grandes, & que peut-être même ne ſont-elles

pas aujourd'hui le moindre fleuron
de leur couronne dramatique.

J'en ai choisi quelques unes
pour essayer le goût du Public.
J'en place quatre dans ce premier
volume. * L'Auteur des trois
premieres s'est distingué depuis
longtems dans la Républi-
que des Lettres par des Ouvrages très - estimés , surtout par
une *Chronique des Rois d'Angleterre* , écrite dans le style de la Bible , & dont nous avons une tra-
duction. Il n'intitule ses Pieces
que *Satire dramatique , Conte dramatique, &c* ; Bien différent de ces
Auteurs qui donnent hardiment le
titre de Comédie à ce qui le mérite si peu. On ne doit donc s'atten-

* M. Dodsley , Imprimeur , à Londres.

dre à trouver dans ces petits dra-
mes ni fageſſe d'intrigue, ni régles de théâtre exactement ſuivies;
mais j'oſe aſſûrer qu'on y verra
partout un honnête-homme, un
Ecrivain Philoſophe qui ne perd
jamais de vûe le grand objet de la
ſcéne, *la correction des mœurs & la
proſcription du ridicule.*

La quatriéme eſt une de ces
Pieces burleſques que les Anglois
appellent *Farces*; on la repréſente
très-ſouvent par rapport à la bizar-
rerie du ſujet, à la vivacité du ſtyle, & ſurtout à la vérité des caracteres. Je ne dis rien ici des deux
Piéces contenues dans le ſecond
volume; la célébrité de la premiere jointe à la réputation de leur
Auteur, leur donne droit à une
Préface particuliere.

EPITRE

DEDICATOIRE,

Que l'Auteur des trois Pieces suivan-
tes, a mise à la tête de ses ouvrages.

Au Createur.

A l'Ame,

Au seul soutien

De tous les projets des hommes:

Demain.

Estre qui n'en êtes pas encore un,

LEs Ouvrages qui suivent ont
été assez heureux pour se voir reçus favorablement par quelques uns
de vos Prédécesseurs. J'ai dû cette
bonne fortune en partie à leur indul-

gence, en partie peut-être à mon peu
de mérite. C'eſt à votre pénétration à
décider de combien l'une y a plus con-
tribué que l'autre. Vous ſerez certaine-
ment aſſez équitable pour conſidérer que
le manque total où je me ſuis vû des
ſecours d'une éducation littéraire, me
donne quelque droit à vos bontés.
Votre haute ſageſſe & votre candeur
inaltérable en fixeront la meſure. On
m'accuſera peut-être de préſomption,
d'oſer eſperer que de ſemblables bagatelles vivent aſſez longtems pour ſe
jetter à vos pieds, & pour ſentir la
douce influence de cette protection à
laquelle j'aſpire ; mais enfin quelque
ſoient mes Ouvrages, s'ils ont le
bonheur d'arriver à un terme ſi éloigné, toute mon ambition ſera ſatisfai-
te. Il ne me reſtera plus qu'à vous
prier très-humblement de les recom-
mander à votre digne Fils & Succeſ-
ſeur APRES-DEMAIN.

Je ſuis avec un profond reſpect, &c.

LA BOUTIQUE

DU

BIJOUTIER,

SATIRE DRAMATIQUE.

Tome I.   A

SCENE

D'INTRODUCTION.

DORANTE, CLOÉ, ELIANTE.

DORANTE.

QUoi! Madame, vous n'êtes jamais entrée dans cette boutique extraordinaire?

ELIANTE.

Non, Monsieur: j'ai bien entendu parler du maître; mais beaucoup de personnes disent que c'est un impertinent, un fat qui tranche de l'original.

DORANTE.

Eh, oui: parce qu'il leur dit quelquefois leurs vérités.

ELIANTE.

Mais en voilà plus qu'il n'en faut. Je trouverois fort ridicule un homme qui s'aviseroit de me parler de mes défauts, si mes défauts ne le regardoient point.

A ij

DORANTE.

Oui, Madame ; mais les perſonnes qui le connoiſſent, ne font pas toutes cette diſtinction : à vous parler vrai, quoique bien des gens l'accuſent d'impertinence ; c'eſt, à mon avis, un homme très-amuſant.

CLOÉ.

Quel eſt donc, je vous prie, cet homme ſingulier ? Je n'en ai point encore entendu parler.

DORANTE,

C'eſt un homme qui vient de lever un magaſin de bijouterie , & qui me paroît, dans ſa profeſſion, l'homme du monde le plus extraordinaire. C'eſt un ſatirique général, ſans rudeſſe & ſans méchanceté. Sa coutume eſt de moraliſer ſur chacune des bagatelles qu'il vend, Il amenera une inſtruction à propos d'une tabatiere , d'un dez.......

ELIANTE,

N'auroit-il pas le cerveau timbré ?

DORANTE.

Oh, Madame ! On peut l'appeller fou, bizarre, fantaſque, tout ce qu'on voudra ; mais il ne manque pas de fens , je vous affûre.

CLOÉ.

Il me femble , pour moi , que je ferois charmée de le voir.

DORANTE.

J'ofe vous dire qu'il vous amuferoit infiniment. Si vous voulez me le permettre , Mefdames , j'aurai l'honneur de vous donner la main. Je le connois très-particulierement.

CLOÉ.

Qu'en dites-vous , Madame ? Irons-nous ?

ELIANTE.

J'ai toutes les peines du monde à m'imaginer que ce ne foit pas un fot. Cependant , pour fatisfaire ma curiofité , je veux bien en courir les rifques.

DORANTE.

Sortons , Madame ; mon caroffe eft à la porte.

CLOÉ.

J'efpere , au moins , qu'il ne nous infultera pas.

DORANTE.

Je suis sûr, Madame, que ce ne sera
jamais son dessein. (*Ils sortent.*)

LA BOUTIQUE

DU

BIJOUTIER,

SCENE PREMIERE.

La Toile levée, on découvre une boutique de bijouterie. Le maître est assis derriere son comptoir, regardant ses livres.

LE BIJOUTIER.

IL me semble que j'ai fait aujourd'hui une assez bonne journée. Une Montre d'or, trente-cinq guinées. Voyons un peu à combien elle me revenoit. *(Il parcourt ses registres)* M'y voici.

A iiij

Prêté à Mylady Baffette, dix-huit guinées fur fa montre. Fort bien : elle eft
morte fans la retirer. Un cabaret de
vieille porcelaine, cinq livres fterling....
acheté d'un brocanteur, cinq chelins.
Bon...... Une coquille curieufe, pour
faire une tabatiere, deux guinées......
achetée d'un pauvre pêcheur, un demi
fol...... Si je n'avois fait cette coquille
que fix fols, perfonne n'auroit voulu
l'acheter. Tant mieux : graces aux folies
& à l'extravagance du genre humain,
je crois qu'avec ces joujoux d'enfans, &
ces miferes dorées, je me ferai bientôt
un joli état fur le pavé de Londres. Le
monde eft tellement tourné vers la bagatelle, qu'on n'y eftime que des bagatelles. Les hommes, aujourd'hui, ne
lifent que des bagatelles, ne s'amufent
que de bagatelles, ne difputent que
fur des bagatelles. Un homme colifichet eft préféré par les femmes : une
femme bagatelle eft admirée par les
hommes. Que dis-je ? Comme s'il n'y
avoit pas encore affez de vraies bagatelles ; on tourne en bagatelles les cho-
fes les plus férieufes, & dont on devroit
faire le plus de cas. On fe joue du tems,

de la santé, de l'argent, de la réputation, comme de franches bagatelles.
La probité est devenue une bagatelle,
la confcience une bagatelle, l'honneur
une pure bagatelle, la religion enfin,
la plus grande bagatelle de toutes.

SCENE II.

LE BIJOUTIER, DORANTE, CLOÉ, ELIANTE.

LE BIJOUTIER *fe levant.*

Monfieur, votre très-humble ferviteur : qu'y a-t-il pour votre
fervice ?

DORANTE.

Votre valet, Monfieur : vous voyez
que je vous améne pratique.

LE BIJOUTIER.

Vous êtes trop bon, Monfieur : de
quoi ces dames veulent-elles bien avoir
befoin ?

ELIANTE.

Veulent-elles bien avoir befoin !....
J'imagine, Monfieur, qu'il eft fort rare

qu'on veuille bien avoir befoin de quelque chofe que ce puiffe être.

LE BIJOUTIER.

Mon Dieu, Madame, excufez-moi!
J'imagine toujours, quand je vois entrer quelqu'un dans une boutique de bi-
joux, que c'eft pour quelque chofe dont
il eft bien aife de manquer.

CLOÉ.

Voilà un miroir tout-à-fait joli : de
grace, Monfieur, combien le faites-
vous ?

LE BIJOUTIER.

Ce miroir, Madame, eft le plus beau
qui foit dans toute l'Angleterre. Une
coquette peut y voir fa vanité, une
prude, fon hypocrifie : bien des femmes
y voyent plus de beauté que de modef-
tie, plus de grimaces que de graces,
plus d'efprit que de bon fens.

ÉLIANTE.

Le voilà qui commence.

LE BIJOUTIER.

Si un petit-maître achetoit ce miroir,
& fe regardoit dedans avec attention,
il y pourroit voir fa fottife, prefque
auffitôt que fa parure. Bien des gens, il
eft vrai, ne peuvent y voir leur généro-

fité ; d'autres , leur charité. Cependant la glace en eft très-bonne..... Plufieurs de nos meffieurs du bel air , n'y apper-çoivent point leurs bonnes mœurs ; plu-fieurs gens d'églife n'y voyent point leur religion : cependant la glace en eft admirable:enfin, quoique bien des filles qui paffent pour vierges , ne s'y voyent pas telles , cela n'empêche pas , comme vous pouvez croire , que la glace n'en foit merveilleufe.

CLOÉ.

Fort bien , Monfieur : mais je ne vous en ai pas demandé les vertus ; je n'en demande que le prix.

LE BIJOUTIER.

Il étoit néceffaire , Madame, que je vous en dife les qualités, pour vous empêcher de le trouver trop cher. Au dernier mot , il eft de cinq guinées. A mon avis, pour un miroir fi rare , ce n'eft qu'une bagatelle.

CLOÉ.

Bon Dieu ! Je tremble de m'y regar-der : je crains qu'il ne me montre de mes défauts , plus que je ne me foucie d'en voir.

ELIANTE.

Je vous prie, Monſieur, quel peut être l'uſage de ce petit extrait de bijou que j'apperçois-là?

LE BIJOUTIER.

Cette petite boëte, Madame ! Je puis d'abord vous dire que c'eſt une très-grande curioſité ; car c'eſt la plus petite boëte qu'on ait jamais vûe en Angleterre.

ELIANTE.

Sur ce pied-là, vous feriez mieux de l'appeller une très-petite curioſité.

LE BIJOUTIER.

Vous penſez juſte, Madame : cependant, le croiriez-vous ! Dans cette même petite boëte, regardez-la bien ; un courtiſan peut mettre toute ſa ſincérité, un avocat renfermer toute ſa probité, un poëte entaſſer tout ſon argent.

DORANTE.

Ha, ha! Fort bien, fort bien : j'ai envie d'en faire préſent à M. Deſtances, préciſément pour cet uſage.

CLOÉ.

Voici une belle lunette. Je penſe, Madame, que cela doit être fort amuſant à la campagne.

LE BIJOUTIER.

Oh, Madame ! C'eſt la choſe du monde la plus utile & la plus agréable, ſoit à la ville, ſoit à la campagne. Telle eſt la nature de ce verre : mille pardons de mon impertinence, ſi je prétens vous apprendre ce que vous ſavez ſans doute auſſi bien que moi. Si vous regardez par ce bout, vous aggrandiſſez les objets, vous les rapprochez, vous les diſcernez clairement : tournez maintenant, & regardez par l'autre : voyez-vous comme les objets ſont diminués, éloignés, rendus preſque imperceptibles ? C'eſt par ce bout, Madame, que nous jettons l'œil ſur nos propres défauts ; mais lorſqu'on veut examiner ceux d'autrui, on a toujours ſoin de retourner la lunette. Par ce bout, on voit ordinairement tous les bienfaits, les dons, les avantages que l'on reçoit des autres, en quelque tems que ce ſoit : mais s'il arrive jamais qu'il en émane de nous, oh ! pour lors, nous regardons par celui-ci, & nous ſommes ſûrs de les voir dans toute leur grandeur. Par le moyen de ce verre, nous obſcurciſſons avec envie, nous rapetiſſons à plaiſir la vertu, la beauté, le mérite de tout ce qui

nous environne ; mais en regardant par
l'autre, nous nous careſſons nous-mêmes, en voyant nos rares qualités dans
leur aſpect le plus avantageux.

CLOÉ.

Comment donc, Monſieur ! Vous
êtes, je penſe, une nouvelle eſpece de
ſatirique, ou plûtôt de prédicateur. Votre magaſin eſt votre écriture, & chaque bijou vous ſert de texte, pour vous
étendre allégoriquement ſur les vices &
ſur les ridicules du genre humain.

LE BIJOUTIER.

A merveille, Madame, à merveille.
Très-obligé de la comparaiſon. On
peut réellement m'appeller prédicateur;
& dans ma façon, je me flatte de n'en
être pas un mauvais. Je prens beaucoup
de plaiſir à ma vocation, & je ne ſuis
jamais plus ravi, que de me voir une
pleine aſſemblée. Cependant il m'arrive bien des fois ce qui arrive de même
à mes autres confreres. Les gens ont la
bonté d'emporter mon texte ; mais ils
ne ſongent pas plus au ſermon, que s'il
n'y en avoit point eu.

ELIANTE.

Cela eſt juſte, Monſieur : lorſqu'un

texte court en dit plus que tout le ser-
mon, ils se conduisent très-sagement.

SCENE III.

Les Acteurs précédens.

DORPHISE *suivie de Lucile.*

DORPHISE.

JE vous prie, Monsieur : faites-moi
voir quelqu'un de vos petits chiens.

CLOÉ, *à part.*

De ses petits chiens! Bon Dieu! Il
y a des gens qui s'amusent de bien peu
de chose. La conversation des hommes
est devenue, sans doute, bien mince &
bien insipide, puisqu'on leur préfére
celle des chiens & des singes.

LE BIJOUTIER.

En voici, Madame, de parfaitement
beaux : ces chiens, de leur vivant,
étoient les plus grands chiens de leur
siécle : je ne veux pas dire les plus gros;
mais ceux de la plus grande qualité &
du plus grand mérite.

ELIANTE, *à part.*

J'aime beaucoup *un chien de mérite :*
n'aura-t-il pas aussi quelque chien
d'honneur ?

LE BIJOUTIER.

Voici un chien, Madame, qui n'a
jamais mangé que sur de la vaisselle
d'argent, ou sur des assiettes de porcelaine, & qui ne s'est jamais couché que
sur des tapis & des coussins. En voici
un autre : il appartenoit à une Dame
qui passoit, à juste titre, pour une des
plus riches personnes, & des premieres
beautés de l'Angleterre. Il étoit son
ami le plus intime, son favori particulier. Dans cette qualité, il a reçû plus
de complimens, plus de respects, plus
de présens même qu'un premier minis-
tre. Enfin en voici un qui a dû être un
chien d'un mérite singulier & de la plus
grande importance, puisqu'à sa mort,
une des premieres maisons du Royaume
se plongea dans les larmes, fut une se-
maine entiere sans recevoir de visites,
& s'enferma tristement pour pleurer en
liberté. Ce chien, pendant le cours de
sa vie, eut l'honneur de faire mettre à
la porte plus de trente domestiques,

pour

pour avoir ofé faire peu de cas de fa
perfonne, pour avoir négligé fes affaires, ou pour s'être comportés dans leur
fervice, d'une maniere impertinente.
Il mourut enfin d'un rhume qu'il gagna
dans une chambre humide, où l'une
des femmes l'avoit mené. Elle en fut
quitte pour perdre fa place, fes gages
& fa réputation.

D O R P H I S E.

Voyez un peu la malheureufe, l'infâme, la négligente ! Je voudrois qu'on
eût pris l'affaire au criminel, & qu'on
l'eût condamnée comme pour meurtre.
Hélas ! Hélas ! Voilà précifément ce
qui m'eft arrivé. Votre lugubre hiftoire
r'ouvre mes bleffures fi cruellement, que
je ne puis y réfifter. Lucile, apportez
la boëte. (*Sa femme de chambre entre, &*
lui remet une boëte qu'elle ouvre avec pré-
cipitation. Elle en tire une petite chienne
morte, & la baife en pleurant. Lucile
affecte d'abord un pareil chagrin ; mais
bientôt après, elle fe tourne de côté en
éclatant de rire, & en s'écriant : elle ne fe
doute guére que je l'aye empoifonnée.)
Voyez, Mefdames, voyez, Monfieur,
la charmante petite créature que j'ai eu

le malheur de perdre ! Sa précieufe vie eft paffée comme un fonge : ô ma chere Sultane ! Tu ne pourras donc plus te coucher fur mon fein ! Ta charmante langue ne careffera plus mon vifage ! Ta jolie petite bouche ne fera donc plus à la mienne des morfures fi délicieufes ! O mort ! O mort ! Quel vol cruel tu m'as fait !

LE BIJOUTIER.

Eh, de grace, Madame ! Moderez vos chagrins. Vous devez rendre grace au ciel que ce ne foit pas votre mari.

DORPHISE.

Mon mari! Jufte ciel ! Qu'eft-ce qu'un mari, un pere, une mere, un fils auprès de ma chere, de ma précieufe Sultane ! Non, non! Je ne puis vivre fans la vûe de fon cher portrait ; & fi vous ne pouvez réuffir à m'en faire un bien reffemblant de cette pauvre petite créature, ç'en eft fait : je n'ai plus de bonheur à efperer pour le refte de mes jours.

LE BIJOUTIER.

Eh bien, Madame ! Confolez-vous : je ferai l'impoffible pour vous fatisfaire.

(*Elle fe retire en fanglottant.*) [a]

[a] La fcene qui précéde, toute bifarre

SCENE IV.

Les Acteurs précédens.

DORANTE.

Uelle fcene venons-nous d'avoir !
N'avons-nous donc pas affez de
maux réels dans la vie, fans nous en
créer encore d'imaginaires ?

LE BIJOUTIER.

Ce font-là, Monfieur, les chagrins
de ceux qui n'en ont pas d'autres. S'ils
avoient éprouvé, une bonne fois, les miferes véritables de la vie humaine, dix
mille chiens mourroient fans leur coû-
ter une feule larme.

qu'elle eft, ne doit point paroître trop forte,
fi l'on confidére à quel point nous avons porté
nous-mêmes cette efpece de frénéfie. On fait
la paffion qu'avoit pour fes chiens la célébre
comteffe de V.... l'ordre, la propreté, le
fafte qui régnoit dans le férail, les domefti-
ques chargés de ce foin, les récompenfes atta-
chées à ce fervice, &c.

SCENE V.

Les Acteurs précédens.

DAMIS.

DAMIS.

J'Ai befoin, Monfieur, d'une Tablette en yvoire.

LE BIJOUTIER.

La voulez-vous, Monfieur, avec l'inftruction, ou fans inftruction ?

DAMIS.

L'inftruction ! Que voulez-vous dire? La maniere de s'en fervir ?

LE BIJOUTIER.

Oui, Monfieur.

DAMIS.

La plus fûre, à mon avis, eft de s'en fervir felon les affaires qu'on a.

LE BIJOUTIER.

Cela peut être : cependant il y a quelques régles générales, dont il convient à tout le monde d'être bien informé. Par exemple, d'écrire toujours def-

Ius les bienfaits qu'on reçoit des autres ;
d'y marquer de même les défauts & les
ridicules que de tems en tems on découvre en foi. Si c'eſt dans autrui qu'on
vient à les trouver, écrivez avec foin
que vous ne devez jamais les heurter de
front, ni les expoſer malicieuſement
aux yeux du public ; mais qu'au contrai-
re vous ne devez vous en ſouvenir que
comme d'un avis au lecteur, de ne pas
tomber dans le même inconvénient. Il
y a encore bien d'autres régles d'une eſpece ſi rare, qu'elles rendent chacune
de mes tablettes un petit livre très-utile
& très-amuſant.

D A M I S.

Et, je vous prie, combien les ven-
dez-vous ?

L E B I J O U T I E R.

Une guinée, Monſieur, oui ou non.

D A M I S.

Cela eſt fort cher ; mais comme c'eſt
une curioſité.…..   (*Il paye & fort.*)

SCENE VI.

Les Acteurs précédens.

UN PETIT-MAISTRE.

LE PETIT-MAISTRE.

Faites-moi voir, Monfieur, une de vos plus belles tabatieres.

LE BIJOUTIER.

Monfieur, en voici une de pur or, une très-belle boëte, en vérité. En voici une autre d'or émaillé, une troifiéme de vermeil, cifelée à ravir; une quatriéme enfin, d'une coquille très-curieufe, montée en or.

LE PETIT-MAISTRE.

Le diable emporte vos coquilles. Il n'y en a pas une où un homme de ma forte puiffe décemment mettre fes doigts. J'en veux une, moi, qui ait quelque jolie miniature au revers du couvercle, quelque chofe....là.... qui puiffe fournir de jolis mots, des faillies ingénieufes, de bonnes obfcénités.

LE BIJOUTIER.

Des faillies ingénieufes & des obfcénités ! Voilà donc, Monfieur, deux
termes fynonimes?

LE PETIT-MAISTRE.

Eh , fans-doute , mon cher : une petite obfcénité lâchée avec décence,
c’eft l’ame de la converfation ; c’eft l’é-
lixir du bel efprit, c’eft le ton des cercles, des affemblées de jeu , des tables
de thé ; c’eft l’unique façon dont plai-
fantent les gens du bel air , l’innocente
liberté des jolies femmes , un tour d’é-
quivoque qui fait rire la coquette , baif-
fer les yeux à la prude , rougir la mo-
defte , & qui leur plaît à toutes.

LE BIJOUTIER.

Vous croyez donc , Monfieur , que
c’eft-là bien décidément l’efprit , l’ame ,
le germe de toutes les converfations?
Mais permettez-moi de vous dire que
vous pouvez être dans l’erreur. A dire
le vrai , ceux qui font affez impolis
pour prendre ce ton dans tous les cercles qu’ils fréquentent , peuvent très-
bien être affez dépravés pour fe mettre
dans l’efprit qu’on a autant de plaifir à
les entendre , qu’ils en ont eux-mêmes

à parler ; mais, pour moi, j'ose dire
que tout homme, ou toute femme d'un
mérite réel, n'a pas plus de goût pour
ces sortes de pauvretés, que nos petits-
Maîtres n'en ont pour le bon sens ou
pour la vraie politesse.

LE PETIT-MAISTRE.

Le bon sens, notre ami! Dieu me
damne! Que voulez-vous dire? Apprenez, Monsieur, que je me connois
mieux qu'homme qui vive, à ce qu'on
appelle *bon sens*. Le bon sens est une
juste, une véritable, une sensée, une....
La peste m'étouffe! J'aurois honte d'ê-
tre assez pédant pour faire des défini-
tions; mais voyez-vous, Monsieur, je
vous forge tout-à-coup un serment bien
énergique, je vous bois à plaisir la santé
la plus obscéne, je fais tourner les prê-
tres en ridicule, me moquer de toute
religion, & rendre sot & penaut le
grave escamoteur qui vous ressemble......
Voilà, Dieu me damne, ce que je
nomme bon sens.

LE BIJOUTIER.

Et moi, je puis, sans m'échauffer,
entendre un caquet aussi misérable, &
ne regarder son auteur qu'avec un œil

de

de pitié. Voilà ce que j'appelle bon
fens.

LE PETIT-MAISTRE.

Au diantre votre morale! De l'hipo-
crifie, de l'affectation toute pure: rien
de plus, bon-homme, rien de plus.

(*Il fort.*)

LE BIJOUTIER.

Je ne fache rien au monde que je
haïffe autant qu'un fat. Ils impriment
une forte de ridicule fur la nature humaine, & l'on rougiroit prefque d'être
de la même efpece qu'eux. Auffi ne
manquai-je jamais de les apoftropher
toutes les fois qu'ils fe trouvent fous ma
main. J'efpere que ces dames me par-
donneront d'en agir ainfi en leur préfence.

CLOÉ.

En vérité, Monfieur, je voudrois
que vous euffiez toujours quelqu'un de
ces petits bouts-d'hommes, pour les
draper en notre préfence, auffi joliment
que vous le faites, cela me divertiroit
bien plus que leur impertinence.

SCENE VII.

Les Acteurs précédens.

CLEONTE.

CLEONTE.

IL me faudroit, Monsieur, un anneau d'or, précisément de cette
grandeur.

LE BIJOUTIER.

Ce n'est donc pas pour vous, Monsieur ?

CLEONTE.

Non.

LE BIJOUTIER.

J'entens : un anneau pour votre mariage.

CLEONTE.

Eh non, non, Monsieur : je vous
suis fort obligé : c'est une sorte de bijou dont je n'ai point envie de me servir. C'est-là, pour le coup, le plus dan-
géreux de tout votre magasin. Les deux
époux sont presque toujours sûrs qu'il

leur portera malheur. Ils commencent
par fe ferrer tant qu'ils peuvent, & font
enfuite tout prêts à fe pendre féparé-
ment, pour fe délivrer l'un de l'autre.

ELIANTE, à part.

Voilà juftement du jargon à la mode
Je jurerois que cet ennemi prétendu des
mariages, eft fur le point de faire le
malheur de quelque pauvre femme.

CLEONTE.

Ma foi! Que nous fommes heureux
dans notre enfance ! Nous pouvons
quitter un joujou, en reprendre un autre, nous fatisfaire ainfi par la variété;
mais à mefure que nous avançons en
âge, nous croiffons en ftupidité : nous
ne trouvons plus de joujou qui nous
plaife, fi ce n'eft une femme, c'eft-à-
dire, un joujou pour la vie, qui réunit
en foi tous les joujoux. [b] C'eft un
hochet qu'un homme a fans ceffe à fon
oreille, fans pouvoir s'en débarraffer;
un tambour qui fonne perpétuellement
la charge, un fabot qu'il lui faut fouet-

____

[b] Je ne garantis pas la fineffe de ces al-
lufions : je ne fuis que traducteur. Les Anglois
font rarement délicats en matiere de plaifante-
ries.

C ij

ter fans relâche, & qui ne cefle de faire
du bruit que lorfqu'il dort, un cheval
de bois que le nigaud monte lorfque
le vertige lui en prend, un......

Le Bijoutier.

Continuez, Monfieur, cette defcription badine, fi vous êtes affez bon
pour la croire de l'efprit. Pour moi, je
n'en penferai pas moins qu'une époufe
vertueufe eft le bonheur le plus pur, le
bien le plus eftimable que le ciel nous
puiffe accorder dans cette vie. Elle
adoucit nos chagrins, augmente nos
plaifirs, nous fert de compagne dans la
profpérité, d'ami dans l'adverfité, con-
ferve notre fanté avec zele, nous aide
dans nos maladies avec patience, nous
donne d'utiles avis dans lemalheur,
nous confole dans l'affliction, dirige
enfin mieux que tout autre, le cours de
nos affaires.

Cloé.

La charmante doctrine!

Cleonte.

A merveille, Monfieur ; puifque je
vois que vous êtes l'avocat du mariage,
je vous avoue que c'eft un anneau de no-
ces dont j'ai befoin. Je n'ai prétendu

hier le fait, & badiner fur cet état, que
pour éviter ici d'être tourné en ridicule.

LE BIJOUTIER.

Fort-bien : voilà précifément le train
du monde, furtout parmi les jeunes
gens : ils rougiffent de faire une bonne
action, parce qu'elle n'eft pas à la mode ;
& par complaifance pour l'étiquette, ils
démentent fans ceffe leur confcience.
Ils agiffent contre leur propre goût,
pour plaire aux petits-maîtres ; ils aime-
roient mieux fe charger d'un vice, que
de s'attirer un ridicule.

CLEONTE.

Rien de plus vrai, Monfieur : il n'y a
peut-être pas un homme fur mille qui
ofe être vertueux, de crainte de paroître fingulier : c'eft une foibleffe dont
jufqu'ici je ne me fuis rendu que trop
coupable ; mais me voilà bien réfolu de
me conduire déformais fur des principes
folides & inébranlables.

LE BIJOUTIER.

J'en fuis ravi, Monfieur ; voici votre
bague : elle revient, je penfe, à vingt
chelins.

CLEONTE.

Voici votre argent.

LE BIJOUTIER.

Je vous souhaite, Monsieur, tout le
bonheur qu'une tendre épouse peut
vous procurer.

CLEONTE.

Monsieur, je vous suis très-obligé.
(*Il sort.*)

ELIANTE.

Mais après-tout, Monsieur, ne
croyez-vous pas le mariage un coup de
hasard bien hardi ?

LE BIJOUTIER.

C'en est un, Madame, il n'en faut
pas douter : mais supposé qu'il y ait du
côté de l'homme, une dose raisonnable
de bon sens & de discrétion ; & du côté de la femme, de la douceur & de la
complaisance : il y a tout à parier qu'on
mènera dans cet état, une vie aussi heureuse qu'en tout autre.

SCENE VIII.

Les Acteurs précédens.

LUCINDE.

LUCINDE.

UN masque, Monsieur, en avez-vous ?

LE BIJOUTIER.

En vérité, Madame, je n'en ai pas un : ce seroit, pour moi, de la marchandise perdue. On est arrivé aujourd'hui à une si grande perfection dans l'art de se masquer soi-même, qu'on n'a plus aucun besoin des déguisemens étrangers. Vous trouverez l'infidélité masquée d'un froc ou d'une soutane, la débauche & l'immodestie cachées sous la rougeur. L'oppression se déguise sous le nom de justice, la fraude & la fourberie se voilent sous celui de prudence ; le sot se masque d'une gravité affectée, le plus vil hipocrite disparoit sous les protestations de sincérité ; le flatteur paſſe auprès de vous ſous l'aſpect d'un ami, & celui qui vous ſerre contre le ſein, voudroit à l'heure même, vous couper la gorge. La calomnie & la médiſance ſe font paſſer dans le monde pour de l'eſprit ; une ricanerie éternelle, eſt réputée bon cœur ; une contenance humble, part d'un principe d'orgueil ; les beſoins de l'homme indigent, ſe voilent ſous l'oſtentation : en un mot, la ſcélérateſſe & la friponnerie ſont ſouvent cachées ſous l'or, les diamans, les dignités, tandis que le mérite & la probité ſont couverts de haillons & de miſere. Le monde entier eſt ſous le maſque, & l'on ne peut y voir le viſage naturel de chaque individu.

LUCINDE.

Vous vous trompez, Monſieur ! vous êtes vous-même la preuve qu'aucun déguiſement ne peut cacher un fat. Votre très-humble ſervante. (*Elle ſort.*)

LE BIJOUTIER.

Fort bien : n'ai-je donc tant crié tout-à-l'heure contre la fatuité, que pour m'en entendre accuſer moi-même ? Je vois qu'il eſt impoſſible d'appercevoir la partie ridicule de ſon propre carac-

tere. Que n'apprenons-nous une bonne
fois à nous critiquer nous-mêmes, à dé-
couvrir nos endroits foibles, à ne nous
point ménager là-deſſus ? Ce ſeroit le
plus ſûr moyen de les dérober à la cri-
tique des autres. Mais enfin, quels que
ſoient mes défauts, je me flatte pourtant de n'être pas un fat. .

DORANTE.

Je ſoupçonne que vous aurez dit
quelque choſe qu'elle n'aura pû entendre, ſans que ſa propre conſcience lui
en ait fait une application déſagréable.
Cet avis tacite, au lieu de lui faire reconnoître ſon défaut, n'aura ſervi pro-
bablement qu'à la mettre en colere.

LE BIJOUTIER.

Cela peut bien être : au moins aimai-
je à m'en flatter.

SCENE IX.

Les Acteurs précédens.

ORGON.

ORGON.

J'Ai besoin, Monsieur, d'une paire de lunettes.

LE BIJOUTIER.

Les voulez-vous, Monsieur, d'une écaille unie, ou montées en or, en argent ?

ORGON.

Bon! Croyez-vous que j'achette des lunettes comme vos gens du bel air achettent des livres ? Si je n'avois besoin d'une paire de lunettes que pour les regarder, je les voudrois belles ; mais comme j'en ai besoin pour regarder avec, voyez-vous ? je les veux bonnes.

LE BIJOUTIER.

Vous avez raison, Monsieur; en voilà une paire dont, sans doute, vous ferez content. A travers ces lunettes, ón voit dans leur véritable jour, toutes les folies de la jeuneſſe; ces ſortes devices que les meilleurs yeux de nos jeunes gens trouvent écrits en caraĉteres preſque imperceptibles, ſe diſtinguent très nettement par le moyen de ces verres. Avec ces verres, on n'a pas plus de reſpeĉt pour une perruque bien poudrée ſur une tête ſans cervelle, que pour une tête ſale & mal-peignée. Les dentelles d'un fat & ſes riches habits, paroiſſent auſſi mépriſables que la livrée ·de ſes laquais.

Orgon.

Cela s'appelle effeĉtivement montrer les choſes dans leur vrai jour.

Le Bijoutier.

La vertu ordinaire du monde, ne paroît dans ces lunettes, que le manteau de la baſſeſſe ; l'amitié ne s'y voit que comme un marché fait par l'intérêt. Enfin, celui qui s'occupe maintenant à diſſiper ſes jours dans un cercle habituel de vanités, de ſottiſes, de débauches & d'extravagances, s'il vient à regarder ſérieuſement ſes aĉtions paſſées avec ces verres ſi véridiques, il ſerá bientôt convaincu qu'une vie réguliere que l'on

paſſe dans l'étude de la vérité, & dans
un noble cours de juſtice, de généroſité, de charité & de bienfaiſance, non-
ſeulement lui auroit procuré plus de
plaiſirs & de ſatisfaction pour cette vie ;
mais auroit auſſi élevé à ſa mémoire, un
monument éternel d'honneur & de réputation.

ORGON, *à part.*

Hum ! Cela eſt très-vrai : mais il me
ſemble bien étrange qu'une marchandi-
ſe auſſi férieuſe ſe trouve dans la boutique d'un bijoutier. (*haut.*) Eh bien,
Monſieur, combien faites-vous des lunettes ſi extraordinaires ?

LE BIJOUTIER.

Un écu, Monſieur.

ORGON.

Le voici : votre très-humble ſervi-
teur. (*Il ſort.*)

SCENE X.

Les Acteurs précédens.

CLITANDRE.

CLITANDRE.
JE cherche des balances :
LE BIJOUTIER.
En voici, Monsieur.
CLITANDRE.
Sont-elles de la derniere justesse?
LE BIJOUTIER.
Oui, Monsieur, l'emblême de la justice : un cheveu en dérangeroit l'équilibre.
CLITANDRE.
Il me les faut de cette sorte, car j'en ai besoin pour des expériences de Statique extrêmement délicates.
LE BIJOUTIER.
Je vous proteste, Monsieur, qu'elles seront très propres aux expériences les plus délicates. Je les ai éprouvées moi-même sur des sujets peu communs, &

je me fuis affûré de leur bonté. J'ai
pris une large poignée des promeffesdes
grands, & les ai mifes dans un des fléaux:
j'ai vû avec étonnement, que le foufle
d'une mouche dans le fecond, a fait
vîte remonter l'autre. J'ai vû de même,
que quatre plumes de paon, & les habits
dorés de *Milord Colifichet*, tenoient les
fléaux en équilibre. J'ai trouvé par mes
expériences, que le favoir d'un petit-
maître, & l'efprit d'un pédant, étoient
tout jufte le contrepoids l'un de l'autre ;
que l'orgueil & la vanité de tout homme font exactement proportionnés à fon
ignorance ; qu'un grain de bon naturel,
péfe autant qu'un once d'efprit ; un
cœur vertueux, autant qu'une tête fa-
vante ; un dez plein de fatisfaction, autant qu'un cofre plein d'or, *& cetera.*

C L I T A N D R E.

Cela doit faire une jolie fcience, à
ce que j'imagine.

L E B I J O U T I E R,

Je ne finifois pas, fi je voulois vous
compter toutes les expériences que l'on
peut faire avec ces balances ; mais il
eft une, dont il eft à propos d'informer
tout honnête-homme ; c'eft qu'une

fortune médiocre, dont on fait jouir
avec contentement, liberté & indépen-
dance, emportera toujours le fleau,
quelque chofe que vous puiffiez mettre
dans l'autre.

CLITANDRE.

Fort-bien, Monfieur : voici une
nouvelle forte de Statique à laquelle, je
vous l'avoue, j'avois peu deffein de
m'appliquer : cependant je commence à
être convaincu qu'il eft infiniment plus
important pour tout homme, de connoître la péfanteur fpécifique de cette
forte de fujets, que celle de tous les
corps de l'univers.

LE BIJOUTIER.

Sans la moindre comparaifon. Tenez,
Monfieur, afin de vous encourager à
pourfuivre une étude fi avantageufe, je
vous donne mes balances pour dix chelins. Si vous en faites bon ufage, elles
vous feront plus utiles que dix mille livres fterlings.

CLITANDRE.

Je vous avoue, Monfieur, que je
fuis frappé de la beauté & de l'utilité in-
finie de cette efpece de Statique morale. J'imagine que je vais m'appliquer

avec bien de l'ardeur, à mes nouvelles
expériences. Adieu, Monfieur, voici
votre argent. Je vous ferai bientôt favoir les découvertes que j'aurai faites.
En attendant, je fuis votre très-humble
ferviteur. (*Il fort.*)

LE BIJOUTIER.
Monfieur, je fuis le vôtre.

SCENE XI.

Les Acteurs précédens.

GÉRONTE.

GÉRONTE.

ON m'a dit, Monfieur, que vous
téniez magafin de curiofités.
Avez-vous maintenant dans votre boutique, quelque chofe de joli, de rare,
de vraiment curieux ?

LE BIJOUTIER.
Oui, Monfieur, j'en ai un très-grand
nombre ; mais la plus ancienne curiofité que j'aye dans ma boutique, c'eft un
petit plat de cuivre fur lequel eft gravé

le difcours qu'Adam fit à notre mere,
à leur premiere entrevûe, & la réponfe
de la bonne Eve. Les caractéres, par
laps de tems, font devenus inintelli-
gibles ; mais c'eft juftement ce qui en
fait le prix. Ce qu'il y a de très-remar-
quable dans ce morceau, c'eft que le
difcours d'Eve, eft trois fois plus long
que celui de fon mari. J'ai, de plus,
une de ces trompettes qui aiderent à
renverfer les murs de Jéricho ; une bou-
cle des cheveux de Samfon, enfermée
dans un morceau du manteau de Jofeph : une..... Que fais-je, moi ? mille
autres antiquités judaïques, que j'ai
achetées de ces honnêtes meffieurs, au
prix qu'ils ont voulu. J'ai encore le ton
fur lequel Orphée toucha fa lyre, pour
enchanter le diable, & pour ramener fa
chere femme.

DORANTE.

On ne l'a pas crû, j'imagine, un ton
fort amufant ; car depuis Orphée, perfonne ne s'eft foucié de l'apprendre.

LE BIJOUTIER.

J'ai auffi, dans une petite phiole,
quelques unes des larmes que verfa
Alexandre, de colere de n'avoir plus

de mal à caufer. J'ai un tabatiere faite
du bois de ce fameux tonneau qu'habi-
toit Diogène ; j'ai le filet prefque im-
perceptible, dans lequel Vulcain prit
fon époufe & fon galant ; mais nos femmes d'aujourd'hui, font devenues fi
prodigieufement chaftes, qu'il n'y a pas
eu une feule occafion d'en faire ufage
depuis bien des années.

DORANTE, *à part, aux deux dames.*

Avec un peu de malice, on fuppofe-
roit aifément qu'au lieu de *chaftes*, il a
voulu dire *rufées.*

LE BIJOUTIER.

Item. La célébre flute de Gracchus,
l'orateur Romain, qui s'en fervoit, en
touchant une certaine note, pour régler
fa voix, & pour l'empêcher de s'élever
trop haut, lorfqu'il difputoit en public.

CLOÉ, *à Dorante.*

Qu'une pareille flutte, fi l'on pouvoit
l'écouter, feroit utile dans les caffés &
dans vos autres lieux de querelles & de
difcuffions !

DORANTE.

Oui, Madame, & je crois, de plus,
que bien des pauvres maris feroient

charmés d'en avoir une femblable, pour modérer certaines voix dans le fein de leur ménage.

LE BIJOUTIER.

Fort bien, Monfieur, vous voilà quitte avec Madame : mais prenez garde à ceci. La curiofité la plus eftimable que je puiffe me vanter d'avoir, c'eft un certain petit tube, que j'appelle un *appréciateur*. Il eft fait avec tant d'art, que lorfqu'on fe l'applique bien fur l'oreille, il empêche les menfonges, le caquet ridicule, les abfurdités, de frapper le tympan : rien ne peut faire la moindre impreffion fur les nerfs de l'oüie, excepté la raifon & la probité. Je me fuis affis quelquefois l'efpace d'une grande demie heure dans des caffés, ou même dans les cercles de ce qu'on appelle ordinairement *la bonne compagnie*, fans entendre un feul mot. Dans plufieurs difputes dont je me fuis trouvé témoin, & où je m'appercevois, par les mouvemens terribles des deux partis, que l'on en étoit au fort de la tempête, je jouiffois du plus profond filence. C'eft une chofe très-utile à porter fur foi à l'Eglife, à la comédie, à la falle de Weftminſter. [*c*] Dans tous ces endroits, on peut faire un nombre prodigieux d'expériences très-utiles & très-divertiſſantes. Le ſeul inconvénient que j'y ſache, c'eſt que pour s'en rendre totalement maître, il ne faut pas moins d'une pratique conſtante de vingt bonnes années, & que le mieux ſeroit de commencer cet eſſai à dix ou douze ans.

DORANTE.

C'eſt-là, en effet, un inconvénient qui ne permettra pas à tout le monde de l'acheter ; mais on imagineroit que ces parens ſages, qui voyent la beauté & l'utilité du ſavoir, de la vertu, & d'un jugement ſûr, devroient avoir un ſoin tout particulier, d'engager de bonne heure leurs enfans, à ſe ſervir d'un tel *apréciateur*, tandis qu'ils en ont le tems devant eux, & qu'ils n'ont aucun embarras qui puiſſe s'oppoſer à leur application.

LE BIJOUTIER.

Quelques uns le font, mais en bien petit nombre. Le général eſt ſi profondément occupé du ſoin que demandent le tein de leur fils, ſes habits, ſa danſe & tant d'autres miſeres faites pour les

[*c*] Où ſe plaident les affaires civiles.

femmes, qu'ils n'ont pas la moindre attention pour son cœur, ni pour son esprit: ils sont même si éloignés de vouloir lui apprendre à vaincre ses passions, qu'ils ne s'occupent sans cesse qu'à les fomenter.

GÉRONTE.

Or ça, Monsieur: bien des gens peuvent estimer les choses curieuses dont vous me parlez-là, & les regarder comme une collection très-intéressante; mais, à vous parler vrai, ce n'est pas-là l'espece de curiosités dont j'ai besoin. N'avez-vous pas quelque petite boëte avec un cœur blessé, peint sur le dedans du couvercle? Quelque jolie bague avec une devise amoureuse, quelque chose enfin de cette-forte qui soit élégant & hors du commun?

LE BIJOUTIER.

Eh oui, mon cher Monsieur, j'ai la plus jolie tabatiere du monde. Au dedans du couvercle, remarquez-vous? est peint en miniature, un homme de soixante-dix ans qui joue l'amoureux, & qui court comme un petit garçon, après des joujoux & des colifichets pour toucher le cœur d'une jeune fille.

GÉRONTE, *en colere.*

Eſt-ce à moi, Monſieur, que ce propos s'adreſſe ? Vous moquez-vous de
moi, Monſieur?

LE BIJOUTIER.

Moi, Monſieur, point du tout : ſi
vous prenez pour vous ce que je viens
de dire, je ne ſaurois qu'y faire.

GÉRONTE.

Eſt-ce d'un homme de mon âge & de
ma gravité que l'on doit rire?

LE BIJOUTIER.

Ma foi, Monſieur, à vous parler
vrai, votre gravité & votre âge augmen-
tent le ridicule de votre *enfantillage* : je
ne puis m'empêcher de vous le dire.
Quoiqu'il en ſoit, Monſieur, je ſuis très-
fâché de n'avoir pas une de ces jolies
bagatelles pour votre amuſement. Si
vous voulez de petits chevaux de bois,
des tambours, des hochets, &c. j'en ai
d'admirables à votre ſervice.

GÉRONTE.

Par tous les charmes d'Araminte, je
me vengerai de cet affront. (*il ſort en
boitant.*)

SCENE XII & derniere.

Les Acteurs précédens.

DORANTE, *riant.*

HA, ha, ha ! Que c'eſt une choſe plaiſante de voir la fureur jointe à l'impuiſſance ! Mais, de grace, Monſieur, ne craignez-vous pas que ce nouveau genre de liberté envers vos pratiques, ne vous faſſe tort dans votre commerce ?

LE BIJOUTIER.

Non, Monſieur, non : le caractere fantaſque, ſingulier, biſarre, que je me ſuis acquis par cette nouvelle eſpece de ſincérité, jointe aux ſaillies, à la gaité, au burleſque dont j'aſſaiſonne ma morale à chaque bagatelle que je vends, excite la curioſité du public, & me procure ſans ceſſe de nouvelles pratiques. Au reſte, ce n'eſt qu'avec les ſots & les petits-maîtres que ma liberté devient piquante.

ELIANTE.

A mon avis, vous avez très-grande raison. La sotise & l'impertinence devroient toujours être les plaſtrons de la ſatire & du ridicule.

DORANTE.

Ma foi, lorſque j'y penſe plus mûrement, je ne ſai ſi ce tour d'eſprit ſi extraordinaire que vous avez ſû vous donner, ne vous amuſe pas vous même autant que pluſieurs de vos pratiques.

LE BIJOUTIER.

Rien de plus vrai, Monſieur, il m'amuſe prodigieuſement. Il me conduit très-ſouvent à des ſpéculations plus agréables que je ne puis l'exprimer. Je m'aſſieds, quand je veux, derrieꞁ mon comptoir, je regarde ma boutique & les marchés qu'on y fait, comme une repréſentation en petit de ce qui ſe paſſe ſur le grand théâtre du monde. Lorſque je vois entrer un ſot, qui va me jetter cinquante ou cent guinées, pour une miſere qui n'a pas pour un écu de valeur réelle, je ſuis d'abord très-ſurpris; mais quand je regarde ce monde, & que j'y vois des terres, des châteaux, des contrats troqués contre des équipages faſtueux; de

grands

grands biens contre un titre ; une vie aifée, libre, honnête à la campagne, contre un pompeux efclavage à la Cour: quand j'y vois la fanté troquée avec fureur contre les maladies ; le bonheur contre le hafard du jeu, & tant d'autres folies, mon étonnement ceffe. A coup fûr, le monde n'eft qu'une grande boutique de bijouterie, & tous fes habitans font foux de colifichets. Que dis-je ? Les plus fages d'entre nous font dans le cas. Quel que foit notre amour aveugle pour nous mêmes, nous avons tous quelque défaut, quelque foibleffe, quelque babiole intérieure dont nous fommes ridiculement épris. Cependant, telle eft notre fotte partialité pour ce qui regarde nos chers individus, que nous voyons à peine dans nos caractéres, les défauts de conduite qui, dans les autres, allument notre indignation : enfin, quoique la même calotte nous convienne à tous, chacun jure qu'elle n'eft faite que pour fon voifin.

D O R A N T E.

Cela n'eft que trop vrai : mais j'imagine que voici le tems où vous devez fermer votre boutique. Voyez, m. flames, vous faut-il quelque autre chose ?

ELIANTE.

Rien que je sache. Si vous voulez bien, Monsieur, nous faire empaque-ter le miroir & la lunette, nous allons vous les payer. (*l'argent donné, Dorante sort avec les deux dames.*)

DORANTE.

Eh bien, mesdames, que dites-vous d'un homme si extraordinaire?

ELIANTE.

A mon avis, il est lui-même, une vraie curiosité.

CLOÉ.

Je pense, pour moi, qu'il n'y a rien de si rare que lui dans sa boutique.

DORANTE.

En honneur, je l'imagine comme vous. J'admire la route qu'il a prise dans ce siécle évaporé, pour faire naître la morale du sein même des bagatelles. Cela peut s'appeller plaire & instruire à la fois, & donner à l'ancienne satire une force nouvelle. (*aux spectateurs.*) Pour vous, Messieurs, si vous avez en-vie de réformer vos actions, songez seulement aux maximes que vous venez d'entendre. **FIN**

LE ROI

ET

LE MEUNIER

DE MANSFIELD,

CONTE DRAMATIQUE.

PERSONNAGES.

LE ROI.

LE MEUSNIER.

RICHARD, fils du Meûnier.

Milord LUREWELL.

Courtisans.

Gardes de la Forêt.

PEGGY, aimée de Richard.

PHÉBÉ, suivante de Peggy.

MARGUERITE, femme du Meûnier.

CATHERINE, leur fille.

La Scene est dans la Forêt de (a) Sherwood.

(a) Prononcez *Chéroud.*

LE ROI
ET LE MEUNIER
DE MANSFIELD.

SCENE PREMIERE.

La Forêt de Sherwood.

Quatre courtifans égarés entrent fur la
fcene.

LE PREMIER.

I L fait horriblement noir, &
ce Bois, je crois, n'a ni côté ni
fin.

LE QUATRIEME.

Pour fortir, voulez-vous dire ; car
pour entrer, nous avons trouvé un de
fes bouts.

E iij

LE SECOND.

Je voudrois que notre bon Roi Henri n'eût pas chassé si loin du palais. A mon avis, une jolie biche apprivoisée de Londres, est bien plus amusante à poursuivre, que les biches sauvages de la forêt de Sherwood.

LE TROISIEME.

Je ne sai trop quel chemin a pris sa Majesté, ni si elle est seule, ou suivie de quelqu'un ; mais pour nous, je vous prie, tenons-nous bien ensemble.

LE QUATRIEME.

Oui-dà, oui-dà, comme de bons courtisans, prenons soin de nous, sans nous embarrasser de ce que deviendra notre maître.

LE SECOND.

Ma foi, c'est une chose terrible que d'être perdu dans l'obscurité.

LE QUATRIEME.

Sans doute, & pourtant c'est quelque chose de si commun, qu'on auroit peine à croire que cela dût avoir rien d'affreux. En effet, est-il un seul jour de notre vie, où nous ne soyions perdus dans l'obscurité ? Les fourbes nous y tiennent par leurs subtiles inventions,

les fots par leur ignorance, les théolo-
giens par leurs mifteres, les avocats par
leur chicane, les gens d'état par leurs
intrigues. Que dis-je ? Cette raifon même que nous vantons fi fort, qu'eft-ce
autre chofe qu'une lanterne obfcure, qui
nous fert peut-être quelque fois à nous
empêcher de nous caffer le nez contre
un poteau, mais qui, dans le fond,
n'eft pas plus capable de nous guider
hors des brouillards épais de l'erreur
& de l'ignorance, que ne le feroit un
feu follet de nous conduire hors de ce
bois.

LE PREMIER.

Mais, Milord, ce n'eft guére le tems
de prêcher, ce me femble ; & malgré
vôtre belle morale, je crois que la lumiere du jour vaudroit mieux pour nous
que ces ténébres.

LE TROISIEME.

Sans comparaifon ; mais allons, Milords, nous trouverons bientôt quelque
maifon de côté ou d'autre.

LE QUATRIEME.

Allons, marchons.   [*Ils fortent.*]

E iiij

SCENE II.

LE ROI *seul*.

NOn, non : ce ne peut être ici une route publique, cela eſt certain. Je ſuis perdu, tout-à-fait perdu. De quel avantage peut m'être à préſent ma royauté ? La nuit n'a pour moi aucun égard. Je ne puis voir mieux que le moindre payſan, ni marcher auſſi bien que lui. Qu'eſt-ce qu'un roi ? N'eſt-il pas plus éclairé qu'un autre homme ? Non, à moins qu'il n'ait ſon conſeil avec lui : c'eſt ce que je vois à merveille. N'eſt-il pas plus puiſſant ? On me l'a dit ſans doute bien des fois ; mais maintenant à quoi peut me ſervir mon pouvoir ? N'eſt-il pas plus grand, plus magnifique ? Il le peut croire, lorſque aſſis ſur ſon trône, il ſe voit entouré de ſa cour & de ſes flatteurs ; mais perdu dans un bois, hélas ! qu'a-t-il au-deſſus de l'homme ordinaire ? Sa ſageſſe ne peut lui apprendre à diſtinguer le nord d'avec le midi. Sa puiſſance n'empêche point le chien d'un mendiant d'aboyer après-lui, & le mendiant lui-même ne ſalueroit pas ſa grandeur. Cependant, combien de fois nous enflons-nous de ces faux attributs ! Grace au ciel, en perdant le monarque, j'ai trouvé l'homme. [*On entend le bruit d'un fuſil.*] Ah ! il y a ici quelque voleur. Que faut-il que je faſſe ? Ma majeſté me défendra-t-elle ? Non. Laiſſons-la de côté, & que l'homme ſeul agiſſe.

SCENE III.

LE ROI, LE MEUNIER.

LE MEUSNIER, *marchant à petits pas.*

JE crois entendre le coquin. Qui va-là ?

LE ROI.

Un homme qui n'eſt point un coquin, je vous le jure.

LE MEUNIER.

Fort-bien, l'ami ; mais qui ne vaut guéres mieux, à ce que je préſume.

Qui est-ce qui a tiré le coup que je viens
d'entendre?

LE ROI.

Ce n'est pas moi, en honneur.

LE MEUNIER.

Je crois que vous mentez.

LE ROI *à part.*

Que je ments! que je ments! Qu'il
me paroît étrange de m'entendre parler
de la sorte![*haut.*]Sur-ma parole, je
ne ments pas.

LE MEUNIER.

Allons, allons, maraud, avouez la
vérité. Vous avez tiré sur unes des biches du Roi, n'est-ce pas?

LE ROI.

Non, je vous proteste. J'ai trop de
respect pour sa Majesté. J'ai entendu,
il est vrai, un coup de fusi, aussi crai-
gnois-je qu'il n'y eût ici près quelque
voleur.

LE MEUNIER.

Je ne suis point obligé de vous croire,
notre ami; mais je vous prie, qui êtes-
vous? Quel est votre nom?

LE ROI.

Mon nom!

LE MEUNIER.

Votre nom, oui, votre nom. Vous avez un nom sans doute ; n'en avez-vous pas ? D'où venez-vous ? Que faites-vous ici ?

LE ROI.

En vérité, l'honnête homme, voilà des questions auxquelles je ne suis point accoutumé.

LE MEUNIER.

Cela se peut ; mais ce font des questions auxquelles un honnête homme ne craindroit pas de répondre, à ce qu'il me semble. Ergo, si vous n'aviez rien de mieux à me dire sur ce qui vous regarde, je prendrai la liberté de vous emmener avec moi sous votre bon plaisir.

LE ROI

Avec vous, & de quelle autorité ?

LE MEUNIER.

De l'autorité du Roi, Monsieur ; puisqu'il faut que je vous rende compte. Je suis *Jean Cockle*, meunier de Mansfield, l'un des gardes de sa majesté dans cette forêt de Sherwood, & je ne laisse passer par ici aucun drôle suspect, à moins qu'il ne me rende un meilleur compte de sa personne, que vous ne faites de la vôtre, je vous le promets.

LE ROI *à part.*

Allons, il faut me foumettre à ma propre autorité. Voilà qui va bien, Monfieur ; je fuis ravi d'apprendre que le Roi ait un fi bon officier, & puifque je vois que vous êtes revêtu de fon pouvoir, je fuis prêt à me faire mieux connoître, fi vous avez la bonté de m'écouter.

LE MEUNIER.

C'eft plus que vous ne méritez, j'imagine ; mais n'importe, voyons ce que vous avez à dire pour votre défenfe.

LE ROI.

J'ai l'honneur d'appartenir au Roi auffi bien que vous, & peut-être que je ferois auffi peu difpofé que vous même à fouffrir qu'on lui fît du tort. Je fuis venu avec lui pour chaffer dans cette forêt, & comme la bête aujourd'hui nous a menés loin du palais, la nuit m'a furpris dans ce bois, de forte que j'ai perdu mon chemin.

LE MEUNIER.

Cela ne fonne guéres bien, l'ami. Si vous avez fuivi le Roi à la chaffe, où eft votre cheval ?

Le Roi.

Je l’ai excédé de fatigue , au point
qu’il eſt tombé ſous moi, & que j’ai été
obligé de le quitter.

Le Meunier *à part.*

Si j’y penſe mûrement , je pourrois le
croire à l’heure qu’il eſt.

Le Roi.

Je n’ai point coutume de mentir,
honnête-homme.

Le Meunier.

Quoi ! Vous vivez à la cour, & vous
ne mentez pas ! Vous nous contez-là
une plaiſante hiſtoire.

Le Roi.

Qu’il en ſoit tout ce qu’il vous plaira , je vous dis la vérité , maintenant,
je vous aſſûre , & pour vous en convaincre , ſi vous voulez bien m’accompa-
gner juſqu’à *Nottingham* au cas que j’en
ſois proche, ou me permettre de coucher une nuit dans votre propre maiſon,
tenez , voilà quelque choſe , pour vous
payer de vos peines ; ſi cela n’eſt pas
ſuffiſant, demain matin je vous ſatisferai
au de-là de vos ſouhaits.

Le Meunier.

Oui-dà, oui-dà : oh , pour le coup,

me voilà convaincu que vous êtes de la cour. Une petite bagatelle pour aujourd’hui, & pour demain une grande promeſſe, le tout d’une haleine. Allez, allez, notre ami, reprenez votre argent, & prenez avec, ce que je vais vous dire. Jean Cockle n’eſt pas courtiſan, il ſait faire ce qu’il doit, ſans ſe laiſſer corrompre.

LE ROI.

Tu es, je l’avoue, un homme bien extraordinaire; je ſerois ravi, ce me ſemble, de lier avec toi une connoiſſance plus étroite.

LE MEUNIER.

Tu es.... avec toi! La peſte! Je vous prie, ne me tutoyez pas de la ſorte: Sans me flatter, j’imagine que je vous vaux bien.

LE ROI

Ah! Monſieur, je vous demande pardon.

LE MEUNIER.

Allez, l’ami, je ne ſuis pas fâché. C’eſt ſeulement que je n’aime point à être trop familier avec qui que ce ſoit, avant que je ſache s’il le mérite ou non.

LE ROI.

Vous avez grande raison ; mais quel parti dois-je prendre ?

LE MEUNIER.

Vous pouvez faire ce qu'il vous plaira. Vous êtes à douze milles de Nottingham, & vous avez encore à traverser le plus épais du bois. Si vous êtes pourtant résolu de vous y rendre cette nuit, je vous mettrai dans la route, & je vous instruirai de mon mieux. Si vous jugez plus à propos d'accepter un souper & un coucher, tels qu'un meunier comme moi peut vous en fournir, vous serez le très-bien venu à passer la nuit dans ma petite habitation. Demain matin, j'irai moi-même avec vous.

LE ROI.

Et ne pouvez-vous pas venir avec moi cette nuit ?

LE MEUNIER.

Je n'irois pas avec vous cette nuit, quand vous seriez le Roi.

LE ROI.

En ce cas-là, il vaut mieux que je vous suive. [*Ils sortent.*]

SCENE IV.

La scene change & représente la ville de Mansfield.

RICHARD *seul.*

O Mansfield, chere Mansfield ! je suis charmé de te revoir ; mais je sens tout mon cœur tremblant : je crains que ce ne soit encore un de leurs artifices pour s'emparer de moi... mais non.... la lettre semble écrite avec trop de sincérité, il faut que je l'avoue, & la fille n'avoit jamais connu le mensonge, jusqu'à ce qu'elle ait eu un Milord pour compagnie. Reprenons sa lettre ; je veux la lire encore une fois.

Mon cher Richard,

» Je suis enfin convaincue, quoique
» trop tard pour mon malheur, de l'in-
» jure affreuse que nous a fait à tous
» deux ce vil seigneur dont les séduc-
» tions m'ont portée à vous croire per-
fide.

» fide. Il avoit forgé les lettres que je
» vous envoye, pour me perſuader que
» vous étiez ſur le point de vous marier
» à une autre ; penſée que je n'ai pû ſou-
» tenir avec patience, & qui m'excitant
» à me venger de vous, m'a fait conſen-
» tir à ma propre ruine. Pour l'amour de
» vous-même, revenez ici, je vous
» en conjure ; j'ai tout lieu d'eſperer
» qu'il ne me ſera pas impoſſible de
» vous faire quelque ſorte de réparation.
» C'eſt la ſeule joye que puiſſe gouter
» dans ſon affliction,

Votre déſolée, mais toujours
tendre & affectionnée,
PEGGY.

Non, il ne peut y avoir de trompe-
rie. Les lettres qu'elle m'a fait tenir ſont,
je crois, une preuve de ſa fidélité. Allons, j'irai la trouver, quelque choſe
qu'il en puiſſe être. Je ne puis croire
qu'elle veuille encore me trahir. Non,
ſi elle conſerve autant d'amour pour
moi, que je ſens bien que j'en ai pour
elle, en dépit de ſes mauvais traitemens;
je ſuis ſûre qu'elle ne le voudra point.

Voyons un peu ; je ne fuis pas loin de la
maifon, à ce que j'imagine.

SCENE V.

*Une chambre dans une maifon de
Mansfield.*

PEGGY, PHÉBÉ.

PHÉBÉ.

JE vous prie, Madame, ne vous cha-
grinez point.

PEGGY.

Ah, Phébé ! celle qui a perdu fa vertu, a perdu toute fa joye & tout fon
bonheur. Crédule que j'étois ! Malheureufe victime de ma fimplicité ! Ai-je pû
le croire parjure ?

PHÉBÉ.

Prenez patience, Madame ; j'efpere
que vous ferez bientôt vengée des four-
beries de cet infâme feigneur.

PEGGY.

Je l'efpere, Phébé, car cette vengeance fera la juftice même ; mais hélas!

ma vengeance me rendra-t-elle mon bonheur ? Excusera-t-elle ma fausseté ? Me rendra-t-elle le cœur de cet amant que j'ai trop injurié ? Jamais, jamais ! J'ai perdu cette fleur d'innocence qu'il se plaisoit tant à louer, & qu'il appelloit sans cesse la plus grande beauté de notre sexe. Je l'ai perdue : je n'ai donc plus de charmes pour rallumer cette flamme que j'ai pris tant de peine à éteindre. [*On frappe à la porte.*] Allez ouvrir. O ciel ! c'est lui-même. Malheureuse ! Faut-il que je rougisse de voir l'objet de mon amour !

SCENE VI.

PEGGY, PHÉBÉ, RICHARD.

Richard se tient près de la porte, & la regarde à quelque distance : elle pleure.

RICHARD.

EH bien, Peggy ;..... mais je suppose qu'avec de si beaux habits, je dois maintenant vous appeller Madame,

Vous voyez que je reviens à vos ordres.
Quel est votre but ? Est-ce de vous parer
à mes yeux de votre infidélité, ou de
me rendre enfin les restes méprisés de
votre beau Milord ?

PEGGY.

O Richard, Richard ! Après l'injure
que je vous ai faite, je ne puis vous regarder sans rougir ; mais hélas ! ne me
jugez pas si cruellement. Non, je n'ai
point attendu qu'il en vînt à me mépri-
ser, car dès l'instant que j'ai découvert
sa fourberie à votre égard, j'ai fui loin
de sa vûe, & depuis ce jour, je n'ai jamais voulu permettre qu'il me revît.

RICHARD.

Ah, Peggy ! Vous avez été trop
prompte à le croire, & je crains bien
que la vengeance qu'il vous a portée à
faire tomber sur moi, n'ait eu d'autres
charmes pour vous séduire. Vous voilà
brave comme une princesse, [*Il regarde
sa robe*] & je n'avois rien de pareil à
vous donner ; mais si un cœur plein de
tendresse & de sincérité avoit pû vous
plaire, ce cœur étoit tout à vous ; si
j'ai souhaité davantage, ce n'étoit que
pour vous-même.

P E G G Y.

O, Richard ! Si vous faites quelque attention aux divers ftratagêmes qu'il
avoit inventés pour vous noircir à mes
yeux , & pour me forcer moi-même à
vous croire lâche & trompeur , j'efpere
que vous aurez au moins pitié de ma folie , & qu'en quelque forte , vous excu-
ferez mon infidélité. C'eft tout ce que
j'attens de vous. Pour mon pardon , je
n'ofe l'efperer.

R I C H A R D.

M'être vû contraint par rapport à
vous de fuir mes parens & mon pays ,
pour un crime dont j'étois innocent ,
c'eft fans doute une injure que je ne puis
pardonner aifément ; mais fi vous en
êtes moins coupable que je ne l'ai crû ,
je ferai ravi d'en avoir la preuve : pour
peu même que votre deffein foit réellement de m'éclaircir à ce fujet, & de me
faire voir la baffeffe du fourbe qui a cau-
fé votre ruine , je vous écouterai de
tout mon cœur ; mais de quelle façon
vous propofez-vous de le faire?

P E G G Y.

Le Roi s'amufe maintenant à chaffer
dans la forêt, & notre jeune lord eft
tous les jours avec lui. Si nous pou-

vions trouver quelque occasion pour
nous jetter aux pieds de sa Majesté, &
pour nous plaindre à elle de l'injustice
d'un de ses courtisans, cela produiroit
peut-être quelque bon effet.

RICHARD.

Cela pourroit être, si l'on nous per-
mettoit de l'instruire nous-mêmes ; mais
les plaintes des gens de notre sorte,
parviennent rarement jusqu'aux oreilles
des Rois.

PEGGY.

Au moins pouvons-nous l'essayer.

RICHARD.

Eh bien, si vous voulez me suivre
chez mon pere, & y rester avec moi
jusqu'à ce que l'occasion s'en présente,
je pourrai croire que vous agissez de
bonne foi, & vous aiderai même dans
votre projet.

PEGGY.

Je consens à tout pour vous convaincre de ma sincérité, & pour vous faire
quelque satisfaction des injures qu'on
vous a faites.

RICHARD.

Voulez-vous partir sur le champ ?

PEGGY.

Je suis à vous dans moins d'une de-
mi-heure. [*Ils sortent.*]

SCENÉ VII.

La scene repréfente le moulin.

MARGUERITE & CATHERINE,
[*Elles tricottent.*]

CATHERINE.

BOn Dieu ! Je ne voudroispas voir
un efprit pour tout l'or du monde ;
mais je fuis toute joyeufe quand j'en entends dire des hiftoires. Si bien donc,
ma mere, qu'arriva-t-il enfuite ?
MARGUERITE.

Enfin donc, Catherine, on l'enten-
dit crier d'une voix creufe & lugubre....
[*On frappe à la porte, l'effroi les faifit
toutes deux, & leur fait quitter leur ouvrage.*]
MARGUERITE & CATHERINE.

Bonté du ciel ! Que viens-je d'entendre ?

MARGUERITE.

Catherine, on frappe à notre porte ;
va voir qui c'eſt.

CATHERINE.

Je n'oſerois, ma mere : allez-y vous-
même.

MARGUERITE.

Allons-y toutes les deux.

CATHERINE.

Mais ne parlez donc pas comme ſi
vous aviez peur.

MARGUERITE.

Non, non, ſi je puis m'en empêcher.
Qui eſt-là.

RICHARD, *en dehors.*

Comment ! Ne veut-on pas me laiſſer
entrer ?

CATHERINE.

Ah, juſte ciel ! Cela reſſemble à la
voix de mon frere Richard. Il eſt ſûrement mort, & c'eſt-là ſon eſprit.

MARGUERITE.

A Dieu ne plaiſe : j'ai dans l'idée,
moi, que c'eſt lui-même. Ouvre la porte, Catherine.

CATHERINE.

Je n'oſe, ouvrez-la vous-même.

[*Marguerite ouvre.*]

SCENE

SCENE VIII.

MARGUERITE, CATHERINE, RICHARD.

RICHARD.

COmment vous portez-vous, ma mere? J'ai cru que vous ne vouliez pas me laiffer entrer.

MARGUERITE.

Mon cher enfant, je fuis ravie de te voir ; mais j'étois fi effrayée, que je ne favois à quoi me réfoudre.

CATHERINE.

Eh bon jour, mon frere : que je fuis charmée de votre retour ! Comment vous êtes-vous porté depuis que je ne vous ai vû ?

RICHARD.

Très-bien, Catherine, & vous ? Mais où eft mon pere ?

MARGUERITE.

Il vient d'entendre tirer, & il eft for-ti auffitôt pour aller voir qui ce peut être.

G

RICHARD.

Comment donc ? Nos gens de Mansfield aiment toujours la venaison, à ce
que je puis voir.

CATHERINE.

Oui, oui, on leur en donnera.

LE MEUNIER, *en dehors*.

Holà, hé, Marguerite! Catherine!
Une lumiere.

MARGUERITE.

Le voilà qui arrive.

CATHERINE.

Le coquin est-il pris ? Courons-y
voir.

SCENE IX.

MARGUERITE, CATHERINE,
RICHARD, LE ROI,
LE MEUNIER.

MARGUERITE.

EH bien, qu'avez-vous pris ?

LE MEUNIER.

Je t'amène un étranger, Marguerite;
il faut que tu lui donnes à souper & un

logement pour cette nuit.

MARGUERITE.

Oh ! Nous vous avons trouvé un autre étranger bien meilleur, puisqu'il
vous appartient. Richard est revenu.

LE MEUNIER *poussant le Roi*,

Richard est revenu ! Où est-il ? Eh
bien, Richard, comment cela va-t-il,
mon garçon ?

RICHARD.

A merveille, mon pere, je vous remercie.

LE ROI, *au Meunier*.

Un peu davantage, & j'étois à terre.

LE MEUNIER.

Ma foi, Monsieur, vous m'excuserez. J'étois tout ravi de revoir mon
garçon. Il a été à Londres, & voilà
quatre ans entiers que je ne l'ai vû.

LE ROI, *à part*.

Grace au ciel ! J'aurai le bonheur une
fois dans ma vie, d'être traité comme un
homme ordinaire, & de voir la nature
humaine sans déguisement.

LE MEUNIER.

Et, qui t'a ramené ici d'une maniere si
imprévûe ?

Richard,

C'eſt ce que vous ſaurez dans le moment.

Le Meunier,

Soit.......Nous en parlerons tout-à-
l'heure. Le Roi eſt venu chaſſer dans
cette forêt depuis quelques jours , & ce
cavalier, qui eſt ſorti de Londres avec ſa
Majeſté , s'eſt trouvé aujourd'hui loin de
la chaſſe & a perdu ſon chemin. Allons,
Marguerite, voyez ce que vous pouvez
nous donner pour ſouper. Qu'on tue
une couple de nos meilleures volailles ;
& toi, Catherine, va nous tirer une cruche de petite bierre. Nous ſommes fameux , Monſieur, pour la petite bierre
de Mansfield , & pour les honnêtes habitans qui ſavent la boire.

Le Roi.

J'en boirai moi-même avec grand
plaiſir, car je ſuis fort altéré. Mais , je
vous prie , à quel propos votre fils vous
a-t-il quitté pour aller à Londres ?

Le Meunier.

Oh dame ! C'eſt une hiſtoire que Richard peut-être ne ſe ſoucie pas qu'on
diſe.

LE ROI.

En ce cas, je n'exige rien.

Catherine revient avec une cruche de petite bierre & un gobelet de corne.

LE MEUNIER.

Fort-bien, fille : allez maintenant aider votre mere. Monſieur, à votre ſanté de tout mon cœur. [*Il boit.*]

LE ROI.

Je vous remercie, Monſieur. [*à part.*] Cette liberté ſi ſimple & ſi ſincére, eſt un bonheur inconnu aux Rois.

LE MEUNIER.

Allons, Monſieur, faites-moi raiſon.

LE ROI.

Richard, je vous ſalue. [*Il boit.*]

LE MEUNIER.

Eh bien, Richard, que dis-tu de Londres ? Viens-ça ; dis-nous ce que tu as vû ?

RICHARD.

Ce que j'ai vû ! J'ai vû la terre de promeſſe.

LE MEUNIER.

La terre de promeſſe : que veux-tu dire par-là ?

RICHARD.

La cour, mon pere.

LE MEUNIER.
Tu ne cesseras jamais de gausser.
RICHARD.

Eh bien , pour parler sérieusement,
je me suis vû trompé dans mon attente
& dans mes espérances. N'en est-ce pas
là plus qu'on ne voudroit en voir ?
LE MEUNIER.

Comment donc ! Est-ce que le Milord à qui tu étois recommandé , n'a
rien fait pour toi ?
RICHARD.

Si fait , si fait : il a bien voulu me promettre jusqu'au dernier moment.
LE MEUNIER.

Palsanbleu ! Les courtisans croyent-
ils que leurs protégés ne mangent que
des promesses ?
RICHARD.

Eh , mon dieu ! C'est-là le moindre
de leurs soucis , de savoir si vous man-
gez ou non. Voilà déja plusieurs années
que je me tiens auprès de mon protecteur , vivant sans cesse dans l'attente de
ce qu'il me faisoit espérer. Cette année ,
on me promet un poste : la seconde , un
autre poste : la troisiéme , on me donne
l'espérance sûre & certaine... Et de quoi?

D'un refus. Une place vient à vaquer...
elle étoit déja promife. Une feconde ;
j'arrive précifément trop tard d'une de-
mi-heure. Une troifiéme , elle appaife
la faim d'un créancier. Une quatriéme ,
elle paye les gages d'un flateur. Une
cinquiéme, cela corrompt une (*a*) voix.
Une fixiéme enfin, l'on continue à me
promettre ; mais après avoir ainfi dor-
mi toute l'année , j'ai vû finir mon rêve,
& je me fuis apperçu que Milord , bien
loin d'être en état de me donner un
pofte , avoit été occupé tout ce tems-là
à en demander un pour lui-même.

LE MEUNIER.

Pauvre Richard ! La probité pure &
fimple ne peut donc jamais fervir à la
cour de recommandation ?

RICHARD.

Elle peut vous en fervir pour être
valet de chambre, peut-être ; mais rien
de plus, rien de plus , en vérité. Si vous
portez vos vûes plus haut, muniffez-
vous d'autres qualités. Il vous faut apprendre à dire à propos oui & non, à
courir à propos , à vous arrêter de même, à porter & à rapporter, à faire

______
(*a*) Aux Elections du Parlement.

mille fingeries au moindre commande-
ment : il faut fe faire paffer maître dans
les arts pervers de flaterie, d'infinua-
tion, de diffimulation, & favoir donner
habilement, là... vous m'entendez, fi
vous avez quelque efpérance de réuffir.

LE ROI.

Vous ne fongez guéres que je fuis
courtifan, à ce que je puis voir.

RICHARD.

Moi, Monfieur ; ce ne font pas-là
mes affaires. Si le portrait général que
je fais de la cour fe trouve vrai, & qu'il
vous déplaife, ce n'eft point ma faute.
J'avoue qu'il y a des exceptions parti-
culieres, & je veux croire que vous en
êtes la preuve.

LE ROI.

Paffons, paffons ; je n'aime point à
être flatté. La premiere fois que vous
reviendrez à Londres, je vous promets
plus de fuccès.

RICHARD.

Très-obligé. Je n'ai point envie d'y
retourner fitôt.

LE MEUNIER.

Non non, Richard, crois-moi :
au lieu de t'attendre aux promeffes des

feigneurs, ne compte que fur le travail de tes propres mains : n'efperes jamais que ce que tu pourras te procurer, & tu ne compteras pas fans ton hôte. Mais écoute : il me faut une defcription de Londres. Tu ne nous as rien dit encore de ce que tu as vû.

RICHARD.

Londres : oh c'eft une ville charmante ! J'ai vû de grandes maifons & très-peu d'hofpitalité, de grands hommes faire de petites actions, de belles dames ne rien faire qui vaille : j'ai vû les honnêtes avocats de *Weftminfter*, & les vertueux habitans de la Bourfe, les foux politiques des caffés, & les graves légiflateurs de (*a*) Bedlam. J'ai vû des tragédies plaifantes, & des comédies lugubres ; de la dévotion à un opera ; de la gaité à un fermon. J'ai vû de beaux habits à (*b*) S. James, & de longs mémoires à (*c*) Ludgate-hill. J'ai vû de la grandeur pauvre, & de la pauvreté riche : de hautes dignités avec une baffe flatterie : beaucoup d'orgueil, point de

(*a*) Hôpital des foux.
(*b*) La cour.
(*c*) Cour de Juftice pour les débiteurs.

mérite. Enfin j'ai vû des fots titrés, des
coquins penfionnés, & l'honnête homme vétu de bure. Je vous prie, comment trouvez-vous Londres?

LE MEUNIER.

Eft-ce-là la meilleure defcription que
tu puiffes nous en faire?

RICHARD.

Oui, mon pere.

LE ROI.

Comment, Richard, vous êtes fa-
tirique, à ce que je vois.

RICHARD.

Moi, Monfieur! J'aime à dire la vérité : s'il arrive par-là que je fatirife, je
ne fai qu'y faire.

LE MEUNIER.

Fort bien : fi c'eft-là Londres, qu'on
me laiffe ma chaumiere. Ma maifon
n'eft point une grande maifon, ce
n'eft point une belle maifon ; mais telle
qu'elle eft, elle m'appartient, & je
puis en montrer le contrat ; mais fortons,
Monfieur : notre fouper eft prêt, à ce
que j'imagine. Il n'étoit préparé que
pour nous, mais fi vous vous en con-
tentez, je vous l'offre de tout mon
cœur.

SCENE X.

La Forêt de Sherwood.

Plusieurs Gardes entrent sur la scene.

LE PREMIER GARDE.
C'est ici sûrement que j'en ai entendu tirer le coup.
LE SECOND.
Oui, mais je ne puis croire que dans
une nuit si obscure, qui que ce soit
veuille voler des biches.
LE TROISIEME.
Où les bêtes se sont-elles tenues aujour-
d'hui? LE QUATRIEME.

Il y en avoit une bande sur le côteau
de Hamilton, une autre près (*a*) *Robin-
hood's chair*, & une troisiéme, ici dans
le bois de Mansfield.
LE PREMIER.
Fort-bien : ce sont celles-là à qui en
veulent nos drôles.
LE SECOND.
Peut-être ; mais il fait trop noir pour
que nous les trouvions.

(*a*) Endroits connus de la forêt.

LE TROISIEME.

Non, non : retournons fur nos pas.

LE PREMIER.

Palfambleu! Avez-vous peur de vous faire caffer la tête, fi nous les rencontrons ? C'eft donc pour cela qu'on voudroit s'efquiver ? Poltrons que vous êtes! Chut. Arrêtez, je les entens qui viennent vers nous.

SCENE XI.

LES GARDES-CHASSES, LES COURTISANS.

LE PREMIER COURTISAN.

NE venez-vous pas d'entendre quelqu'un ? Ma foi, je commence à avoir peur que nous ne rencontrions ce foir quelque mauvaife aventure.

LE SECOND.

Oui-dà, fi l'on nous prend ce que nous avons, nous aurons fait-là de jolie befogne!

LE TROISIEME.

Qu'on nous le prenne fi l'on veut : je fuis fi excedé de fatigue, que je ne me défendrai guéres.

[*Les gardes sautent sur eux.*]

LE IIe. GARDE.

Ah, ah, coquins ! bandits ! scélérats !
Vous l'avez donc, n'est-ce pas ?

LE SECOND COURTISAN.

En vérité, nous n'avons que très-
peu de chose ; mais nous vous l'aban-
donnons volontiers, si vous consentez
seulement à nous traiter avec douceur.

LE Ier. GARDE.

Oh, oui ! avec grande douceur !
Vous méritez, à coup sûr, d'être traité fort honnêtement !

LE QUATRIÉME COURTISAN.

Comment ! Qu'avons-nous fait qui
nous en empêche ?

LE Ier. GARDE.

Allons, allons : point de tems perdu : qu'on se rende.

LE PREMIER COURTISAN.

Je n'ai que trois écus sur moi.

LE SECOND COURTISAN.

En voici quatre pour vous, Messieurs !

LE TROISIÉME COURTISAN.

Voici ma montre : il ne me reste pas
un sol.

LE QUATRIÉME COURTISAN.

D'honneur, je n'ai rien dans ma po-
che que ma tabatiere.

LE IVe. GARDE.

Comment diable ! Je crois que les drôles veulent nous corrompre ! Plaît-il ! Non, non, marauds ; vous irez devant la Justice demain matin, comptez là-dessus.

LE QUATRIÉME COURTISAN.

Devant la Justice ! Comment ! pour avoir été volés ?

LE Ier. GARDE.

Pour avoir été volés ! Que voulez-vous dire ? Qui diantre vous a volés ?

LE QUATRIÉME COURTISAN.

Fort bien, Méssieurs ; ne venez-vous pas de nous demander nos bourses ?

LE IIe. GARDE.

Oh, les bandits ! Ils jureront demain que nous les avons volés, je parie.

LE QUATRIÉME COURTISAN.

Sans contredit, nous le ferons.

LE Ier. GARDE.

Non, non, marauds, nous ne vous avons point demandé votre argent : nous n'en voulons qu'à la bête que vous avez tuée.

LE QUATRIÉME COURTISAN.

Que le grand diable emporte la bête

nous l'avons chaffée fix mortelles heures fans pouvoir la joindre.

LE Ier. GARDE.

Malpefte ! Meffieurs les marauds ; vous vous moquez de nous, je penfe. Je vous dis, moi, que vous avez tiré fur une des biches du Roi : n'avons-nous pas entendu le coup ? Ne vous avons-nous pas entendu dire que vous aviez peur qu'on ne vous la prît ?

LE SECOND COURTISAN.

Nous avions peur qu'on ne nous prît notre argent.

LE Ier. GARDE.

Allons, allons, plus de détours, Je vous dis que vous êtes tous des coquins, & que nous vous ferons pendre, entendez-vous ? Vous pouvez compter fur ma parole. Marchons par-là, & menons-les chez le bon-homme Cockle. Nous n'en fommes pas loin : nous les y tiendrons cette nuit, & demain matin nous les conduirons devant le Juge.

LE QUATRIÉME COURTISAN.

Allons : voilà, ma foi, une jolie aventure ! [*Ils fortent.*]

SCENE XII.

Le Moulin.

LE ROI, LE MEUNIER, MARGUERITE, RICHARD,
à table

LE MEUNIER.

ALlons, Monſieur : réparez votre mauvais ſouper avec un verre d'excellente petite bierre. A la ſanté du Roi (*a*) Henri.

LE ROI.

De tout mon cœur. Allons, Richard, on nous porte la ſanté du Roi Henri. Je me flatte que vous êtes aſſez courtiſan pour la boire, n'eſt-ce pas ?

RICHARD.

Oui, Monſieur, je bois la ſanté du Roi de tout mon cœur.

(*a*) Il y a apparence que l'auteur place cette hiſtoire ſous le bon Roi Henri VI. de pieuſe mémoire.

MARGUERITE.

MARGUERITE.

Monſieur, j'ai l'honneur de vous ſaluer. Je voudrois que notre pauvre ſouper eut été meilleur.

LE ROI.

Vous n'avez pas beſoin d'excuſes.

MARGUERITE.

Nous ſommes fort obligés à votre complaiſance, d'excuſer ainſi notre groſſiereté.

LE MEUNIER.

Je t'en prie, Marguerite, ne fatigue pas ce Monſieur avec tes complimens.

MARGUERITE.

Tredame, notre homme, ſi l'on n'avoit pas plus de manieres que vous, ce Monſieur nous prendroit pour des pourceaux. LE MEUNIER.

Oh, moi ! Je penſe que pour être vraiment poli, le moins de complimens qu'on peut faire, eſt toujours le mieux.

LE ROI.

Je penſe comme vous. Les complimens dans le commerce de la vie, reſſemblent aux cérémonies dans la religion. Celles-ci détruiſent l'eſprit de la vraie piété : ceux-là, toute ſincérité & toute bonne foi.

LE MEUNIER.

Fort-bien, morbleu ! Voilà qui est
parler d'or. Foin des complimens & des
cérémonies. Votre main, l'ami, buvons & tenons-nous gais.

LE ROI.

De tout mon cœur, honnête meunier. Buvons & tenons nous dans la joie:
savez-vous quelque bonne chanson ?

LE MEUNIER.

Ma foi, mes jours de chansons sont
passés ; mais mon valet Joseph a une
voix admirable, & si vous avez envie
de l'entendre, je vais l'appeller.

LE ROI.

Très-volontiers.

LE MEUNIER.

Hola hé, Joseph !

SCENE XIII.

Les Acteurs précédens.

JOSEPH.

LE MEUNIER.

ICi, Joseph! Bois un coup, mon garçon. J'ai promis à ce Monsieur que tu allois nous chanter ta nouvelle chanson.

JOSEPH.

Eh bien, notre maître, si vous l'avez promis, je vous ferai tenir parole.

[*Il chante plusieurs couplets.*]

I.

QUe l'état d'un meunier est heureux! Il ne se soucie pas de devenir plus grand, il ne craint pas d'être plus petit. Il n'attend le soutien de sa vie que de ses bras & de son moulin. Cela ne vaut-il pas mieux que de ramper à la Cour?

Qu'importe qu'il soit plein de poussiere, &

qu'il ait le visage tout enfariné ? Plus il a la tête couverte de poudre , plus il ressemble aux gens du bel air. Un paysan dans cet habit, peut se conduire bien plus honnètement que le Milord altier qui se carre avec sa Jarretiere.

I I I.

Quoique ses mains soient si sales qu'elles ne sont pas faites pour être vûes , celles des gens au-dessus de lui ne sont guéres plus propres que les siennes. L'or qui poisse leurs mains , s'attache comme le miel aux doigts de ceux qui le touchent.

I V.

Quelque fois , il est vrai, lorsqu'il manque de pouding pour son dîner, il en dérobe du sac de son camarade ; mais il suit en cela l'exemple des grands , qui empruntent librement les uns des autres , dans le dessein de ne point rendre.

V.

Lorsqu'il lui prend envie de s'amasser quelque chose , il imite encore les ministres d'état. On dit que tout leur but est de remplir leurs coffres. Le sien est de faire venir la farine dans son moulin.

V I.

Il mange quand il a faim, il boit quand il a soif ; quand il est las , il se couche à terre , &

dort fans inquiétude : il fe reléve enfuite gai
comme un pinçon, & court en chantant fe remettre à l'ouvrage. Puifqu'un meunier eft fi
heureux, qui diantre voudroit être Roi ?

LE MEUNIER.
Voilà une chanfon qui vous regarde.
LE ROI.
Je penfe qu'il devroit la chanter à la
cour.
RICHARD.
Bon, bon : s'il eft fage, il aimera
mieux refter à la maifon. [*Jofeph fort.*]

SCENE XIV.

Les Acteurs précédens.

PEGGY.

LE MEUNIER *furpris.*
AH, ah ! Quel vent vous a foufflée
ici, je vous prie ? Vous avez une
bonne dofe d'impudence, à ce que je
vois. Il me femble que vous devriez.
être bien honteufe de mettre le pied
dans ma maifon.

PEGGY.

Je le suis, en vérité ; mais hélas ! Ne me traitez point d'impudente.

RICHARD.

Mon pere, suspendez votre couroux pour le présent. C'est par mon conseil qu'elle se trouve ici, & son but est de me rendre justice.

PEGGY.

C'est-là tout ce qui est en mon pouvoir ; car pour ce qui me regarde, je suis ruinée sans la moindre ressource. J'ai perdu ma réputation, ma vertu, mon repos : je suis abandonnée de mes parens, méprisée par le monde, exposée à la misere.

LE ROI.

Eh quelle est, je vous prie, l'histoire de vos infortunes ? Daignez me l'apprendre. Peut-être sera-t-il en mon pouvoir de les réparer en quelque sorte.

PEGGY.

Vous pouvez les apprendre de celui même que j'ai offensé. Pour moi, ma honte ne me permet ni de vous les dire, ni de les entendre raconter. [*Elle sort.*]

LE ROI.

Elle est très-jolie.

RICHARD.

Ah, Monfieur ! J'ai été un tems que je la regardois comme un ange. Je l'aimois plus que ma propre vie, & j'avois tout lieu de penfer que fa paffion étoit égale à la mienne; mais un jeune Milord de notre voifinage la vit un jour: fa jeuneffe & fa beauté floriffante frapperent fon imagination, & fur le champ il fe mit à inventer mille artifices pour venir à bout de la féduire. Tous fes détours furent inutiles : elle ne fe rendit pas même à une promeffe de mariage qu'il vouloit lui figner. Peu de tems après, il découvrit l'amour qu'elle avoit pour moi, & s'imaginant que c'étoit la vraie caufe de fes refus, il contrefit plufieurs lettres, & lui fit croire par des hiftoires fuppofées, que j'étois fur le point de me marier avec une autre. Pleine de cette idée, la jeune fille m'écrivit de ne la plus voir, & pour fe venger, confentit à fa ruine. Non content de cette horreur, & fe méfiant toujours de moi tandis que je ferois près d'elle, il engagea une de fes maîtreffes réformées à jurer qu'elle étoit groffe de moi : elle le fit, & fur cette accufation, je

fus obligé de quitter mes parens pour
me sauver à Londres.

LE ROI.

Et comment se propose-t-elle de vous
rendre la justice qui vous est dûe ?

RICHARD.

Comme le Roi s'amuse maintenant à
chasser dans cette forêt, nous avons
dessein de saisir tous deux la premiere
occasion de nous jetter à ses pieds, &
de nous plaindre à lui de l'injure que
nous a faite ce noble faquin.

LE MEUNIER.

Ma foi, mon pauvre Richard ! Je
n'attens pas grande chose de votre belle
résolution. Les actions de cette nature
sont si communes chez les grands, que
j'ai bien peur qu'on ne fasse que rire de
celle-ci.

LE ROI.

Ceux qui peuvent tourner en plaisanterie ce qui choque l'humanité, ne
méritent point les noms de nobles ni de
grands.

RICHARD.

Qu'en pensez-vous, Monsieur ? Si
vous êtes de la cour, vous connoissez
peut-être quelque chose du caractére
de sa Majesté.　　　　　LE ROI,

LE ROI.

Eh bien, si j'en puis juger par ce que j'en connois, je crois très-sincérement que le Roi ne voudroit pas permettre au premier seigneur de sa cour, de faire la moindre injustice au plus petit de ses sujets. Mais, je vous prie, quel est le Milord qui a été capable d'actions aussi noires ?

RICHARD.

Connoissez-vous Milord Lurewell ?

LE ROI.

A merveille.

RICHARD.

C'est lui-même.

LE ROI.

Fort bien : je voudrois que vous missiez votre projet en exécution. Mon avis est que le Roi ne se contentera pas d'écouter vos justes plaintes ; mais qu'il y apportera le remede nécessaire.

LE MEUNIER.

Je voudrois bien que cela fût.

SCENE XV.

Les Acteurs précédens.

LES GARDES - CHASSE, LES COURTISANS.

LE PREMIER GARDE.

HOlà, hé, Cockle ! Où diantre êtes-vous ? Parbleu, notre homme, nous vous amenons-là une bande de coquins que nous avons pris fur le fait.

LE ROI *éclatant de rire,*

Ha, ha, ha ! Comment, Milords ! Qu'étiez-vous donc devenus, voleurs de grands chemins ou braconiers !

LE PREMIER COURTISAN.

Je fuis ravi, Sire, de trouver votre Majefté faine & fauve.

LE SECOND COURTISAN.

Nous avons couru ce foir bien des dangers ; mais le plaifir de trouver votre Majefté d'une façon fi imprévûe, nous fait oublier tout ce que nous avons fouffert

LE MEUNIER, RICHARD,
MARGUERITE & CATHERINE *étonnés*.

Comment ! C’eſt donc là le Roi !

LE ROI.

Je ſuis charmé de vous revoir, Milords, & vous particulierement, Milord
Lurewell.

LUREWELL.

Votre Majeſté me fait trop d’honneur.

LE ROI.

Ce n’eſt pas tout, Milord, je veux
auſſi vous rendre juſtice, car ce jeune
homme vient d’inſulter à votre honneur
d’une maniere qui m’étonne.

LUREWELL.

D’inſulter à mon honneur, Sire !

LE ROI.

Au moins l’eſpérai-je ainſi, Milord ;
car il me ſeroit doux de croire que vous
ne pouvez être coupable ni de baſſeſſe,
ni de trahiſon.

LUREWELL.

J’eſpere que votre Majeſté n’aura jamais lieu de me le croire. Qu’oſe dire ce
coquin ?

RICHARD.

Vous ne m’eſfrayez point, Milord.

 L e R o i.

J'ose toujours dire la vérité.

L u r e w e l l.

Tout ce qui attaque mon honneur doit
être faux.

L e R o i.

Je fais, Milord, que cela doit être.
Cependant ce jeune homme, fans favoir
qui j'étois, vous a accufé hardiment,
non-feulement de lui avoir fait une in-
juftice criante, mais encore d'avoir ruiné une fille innocente qu'il aimoit &
dont il devoit faire fa femme. Si le fait
étoit vrai, rien de plus bas & de plus
digne d'un traitre; mais je ne doute point
de fa fauffeté: c'eft pourquoi je vous
charge de me dire quelle punition il
vous paroît mériter pour l'injure qu'il
vous a faite.

L u r e w e l l.

Sire, je remercie votre Majefté, Je
ne ferai point trop févere : il en fera
quitte pour me demander pardon, &
pour époufer demain la créature au fujet
de laquelle il m'a calomnié.

L e R o i.

La fentence eft douce. [*à Richard.*]
Vous l'entendez ?

RICHARD.
Oferois-je demander, Sire, la très-
humble permiffion de parler devant votre Majefté ?

LE ROI.
Que peux-tu dire ?

RICHARD.
Si votre Majefté veut bien me le permettre, je me flatte d'avoir des témoins
qui prouveront irrévocablement la vérité des crimes dont j'accufe Milord.

LE ROI.
Fais-les paroître.

RICHARD *allant vers la porte.*
Peggy !

SCENE XVI.

Les Acteurs précédens.

PEGGY.

Le Roi.

Connoissez - vous cette fille, Milord ?

Lurewell.

Sire , je la connois de vûe : c'est la fille d'un fermier.

Peggy *à Richard.*

Sire ! Quoi donc ! Seroit-ce-là le Roi ?

Richard.

Lui-même.

Le Roi.

N'avez-vous eu aucune liaison particuliere avec elle ?

Lurewell *hésitant.*

Sire.... je ne l'ai point vûe depuis plusieurs mois.

Richard.

Cela est vrai , Milord : aussi est-ce une

partie de votre accufation. Je crois avoir des Lettres qui prouveront que vous la connoifiez auparavant d'une façon plus particuliere. [*au Roi.*] Sire, en voici une des premieres qu'il lui ait écrites, remplie des proteftations les plus tendres & les plus folemnelles d'amour & de conftance. Celle-ci inftruira votre Majefté des peines qu'il a prifes pour confommer fa ruine : enfin, voici la promeffe abfolue de mariage qu'il lui a fignée avant d'en venir à fes fins.

Le Roi.

Qu'en dites-vous, Milord ! Eft-ce bien là votre main ?

Lurewell.

Je conviens, Sire, devant votre Majefté, que j'ai bien pû avoir une petite affaire de galanterie avec la fille, il y a quelque tems.

Le Roi.

Une petite affaire, Milord ! Dites une affaire baffe & indigne. Ce que vous appellez *galanterie*, je l'appelle *infamie*. Penfez-vous, Milord, que la grandeur doive fervir à la méchanceté, ou que ce foit la prérogative des grands d'être injuftes & inhumains ? Vous vous

I iiij

rappellez la fentence que vous avez pró-
noncée vous-même contre ce jeune
homme, quoiqu'innocent, vous ne devez pas trouver trop dur que je vous la
faffe fubir, puifque vous êtes le coupable.

LUREWELL.

J'efpere, Sire, que votre Majefté
confidérera mon rang, & ne m'obligera
point à l'époufer.

LE ROI.

Votre rang, Milord ! La grandeur
qui s'abaiffe à des actions auffi viles,
perd fon rang, & fe dépouille elle-mê-
me de tous fes honneurs. D'où la tirez-
vous cette grandeur que vous me van-
tez ? De votre équipage faftueux & de
vos riches habits ? Couvrez votre dernier valet de ce vain attirail, & le voilà
donc auffi grand que vous. De vos ri-
cheffes & de vos terres ? Le fcélérat qui
vous en dépouilleroit, feroit donc alors
auffi grand que vous. Non, Milord,
non : le véritable *grand homme* eft celui
qui fait de grandes actions. Je crois
donc que vous devez par juftice époufer celle que vous avez injuriée.

P E G G Y aux genoux du Roi.

Que mes larmes, Sire, foient mes feuls remerciemens ; mais hélas ! Je craindrois d'époufer ce jeune feigneur. Cela ne feroit que lui donner le droit de me traiter encore plus mal, & qu'augmenter ma mifere. Je fupplie donc votre Majefté de ne lui point donner un pareil ordre.

LE ROI.

Levez-vous & écoutez-moi. Milord, vous voyez à quel dégré de baffeffe les actions infames réduifent les plus grands feigneurs. Voici une promeffe abfolue de mariage que vous avez fignée vous-même à cette jeune fille. Sa prudence l'engage à n'en rien exiger par la connoiffance qu'elle a de votre caractere. Je ne veux donc point infifter là-deffus ; mais je vous commande, fous peine d'encourir mon indignation, de lui donner fur le champ un contrat annuel de 300 livres fterling.

PEGGY.

Daigne le jufte ciel récompenfer un Prince auffi bon ! Vous en faites trop pour moi, Sire ; mais fi votre Majefté le juge à propos, faites paffer le contrat

à ce jeune homme qui a bien plus fouffert que moi. Puiffe-t-il regarder ce
préfent comme une légere fatisfaction
des torts que j'ai eus vis-à-vis de lui !
Pour moi, je n'ai cherché qu'à donner
des preuves fûres de l'innocence de celui que j'ai aimé & que j'ai rendu malheureux. Il ne me refte plus qu'à me
cacher loin du monde & qu'à mourir
dans l'oubli.

RICHARD.

Cette action noble & généreufe ré-
pare tous tes torts : viens dans mes bras,
ma chere Peggy, & laiffe-moi reprendre mon premier amour.

PEGGY.

Non, vous ne devez point ; vous ne
pouvez point me pardonner.

RICHARD.

Je le dois ; je le puis. Je veux t'ac-
quérir pour toujours.

PEGGY.

Malheureufe que je fuis ! Faut-il que
j'aye offenfé un amour fi généreux !

RICHARD.

Ne parlons plus du paffé : mettons-
nous tous deux à genoux & béniffons
celui qui vient de nous rendre heureux.

Le Meunier se mettant aussi à génoux.

Sire, après les preuves que vous m'avez données de votre bonté, je ne dois pas non plus défefperer de mon pardon pour les façons groffieres avec lefquelles je vous ai traité.

Le Roi tire son épée : le meunier se relève tout effrayé, croyant que le Roi va le tuer.

Bon Dieu, Sire ! Qu'ai-je fait pour perdre la vie ?

LE ROI.

Reftez à genoux & ne craignez rien, Non, mon refpectable hôte ; je fuis fi éloigné d'avoir quelque chofe à vous pardonner, que je m'avoue votre dé-biteur. Je ne puis m'empêcher de croire qu'un auffi bon & auffi honnête homme que vous, fera fans doute un digne chevalier. Levez-vous donc, Sir Jean Cockle, & pour foutenir ce nouvel état, recevez pour revenu mille marcs d'argent. C'eft ainfi que je veux reconnoître en quelque forte le plaifir que vous nous avez fait.

LE MEUNIER.

Sire, Je reçois avec reconnoiffance le préfent de votre Majefté. Je n'ai fait

aucune baſſeſſe pour l'obtenir , & j'eſpere que pour le conſerver, on ne m'o-
bligera à rien qui ſoit au-deſſous de
l'honnête homme. Car enfin , Sire, ſi
je veux être un de vos plus fidéles ſu-
jets , je ne ſuis pas moins réſolu d'être
toujours un homme vertueux, & un ci-
toyen libre.

Le Roi.

Je m'en rapporte à vous pour ces
qualités, & malgré mon titre de Roi, je
regarderai toujours comme un ſurcroît
de bonheur, de m'être attiré l'amitié
d'un homme de votre caractere. En
quelque état que ce puiſſe être , le mérite eſt un bien que les Rois ne doivent
jamais négliger. » Aſſiégés de ſi près
» par de vils adulateurs, ce n'eſt que par
» haſard qu'ils obligent un honnête hom-
» me ; mais que déſormais ma Cour ap-
» prenne que mon Trône ſera toujours
» protecteur de la vertu.

FIN.

L'AVEUGLE

DE

BETHNAL-GREEN.

PERSONNAGES.

L'Aveugle déguisé en Mendiant.

Bessy, sa Fille.

Sir Guillaume Morley, Amant
de Bessy.

Welford, Rival de Sir Guillaume,
aimé de Bessy.

Milord Ranby,

Jean-Subtil, *Quakre* } Amoureux de Bessy.

La Scene repréfente Bethnal-Green & la Maifon de l'Aveugle.

AVERTISSEMENT.

Un ancien Poëte Anglois, nommé Johnday, eft auteur d'une piéce qui porte ce même titre. Il l'écrivit fous le régne de Jacques Premier. Je crois celle-ci faite d'après la fienne.

L'AVEUGLE

DE

BETHNAL-GREEN,

SCENE PREMIERE,

La Maiſon de l'Aveugle.

WELFORD *ſeul.*

I L eſt vrai, ce n'eſt que la fille d'un Mendiant ; mais ſa perſonne n'eſt-elle pas un prodige, & des qualités auſſi aimables que les ſiennes, ne ſont-elles point faites pour un meilleur état ? Le bruit de ſa rare beauté s'eſt déja répandu dans tout le pays, & je vois chaque

jour quelque nouveau rival s'oppofer à
ma félicité. Comment puis-je efperer
que fon cœur me foit fidéle, malgré le
nombre & le pouvoir de mes compéti-
teurs? Celui que je crains le plus, c'eft
Sir Guillaume Morley: la lettre qu'elle
m'écrit à fon fujet m'allarme infiniment:
mais la voici.

SCENE II.

WELFORD, BESSY.

WELFORD.

AH, Beffy! Que m'apprenez-vous?
Je fuis fûr que vous ne voudriez
pas être fi cruelle.

BESSY.

Ah, Welford! Devez-vous, pouvez-vous m'accufer de cruauté?

WELFORD.

Eh quoi! n'eft-il pas cruel de me dire
que vous épouferez Sir Guillaume?

BESSY.

J'obéirai à mon pere.

WELFORD.

WELFORD.

J'ai bien peur, Bessy, que dans une pareille affaire, votre devoir ne soit pas le seul motif de votre obéissance. Sir Guillaume a des titres, de grands biens.....

BESSY.

C'est maintenant que vous êtes vous-même bien injuste, bien cruel de penser qu'un motif aussi vil que l'intérêt ou que la vanité, puisse avoir sur moi le moindre empire.

WELFORD.

Mais que puis-je penser ?

BESSY.

Pensez à ma situation, pensez à celle de mon pere : le laisserai-je comme il est, aveugle & sans secours, combattre contre l'infirmité & le besoin, tandis qu'il est en mon pouvoir d'être le soutien & la consolation de sa vieillesse ?

WELFORD.

Cette objection n'est rien: non, Bessy, non : tant que ces mains pourront travailler, il ne connoîtra pas le besoin. votre Pere sera le mien : que dis-je ? Il me sera mille fois plus cher que le mien.

Tome I.　　　　　　K

BESSY *à part.*

Que ne puis-je reconnoître un amour
si constant ! [*haut.*] Mais, Welford, si
mon pere me commandoit d'épouser Sir
Guillaume, voudriez-vous que je lui
désobéisse ? Il est vrai, ce n'est qu'un
pauvre homme, un malheureux mendiant ; mais enfin c'est mon pere, & ça
toujours été pour moi le meilleur des
peres.

WELFORD.

C'est le meilleur des hommes, & si
ce qu'on dit est vrai, il est bien éloigné
d'être un homme du commun.

BESSY.

Quelque fois, en vérité, je soup-
çonne moi-même qu'il n'est pas ce qu'il
nous semble, & ce qui surtout me porte à le croire, c'est le soin extraordinaire qu'il a pris de mon éducation : il s'en
est chargé lui-même, & s'est toujours
plû à m'apprendre mille choses au-dessus de ma sphere actuelle. Ce m'est une
raison de plus de ne lui point désobéir.

WELFORD.

Vous ne lui désobéirez point. Je
n'exige rien de pareil. Mais supposé
qu'il me fût possible de gagner son con-
sentement ?

BESSY.

Alors vous avez le mien : car enfin , Welford , croyez-moi ; je n'espere aucun bonheur dans la vie , si ce n'est avec vous , & si jamais j'épouse Sir Guillaume , ce sera seulement parce que j'aime mieux me rendre moi-même malheureuse , que de faire le malheur de mon pere.

WELFORD.

O bonté qui n'a point d'égale ! Non , il ne voudra jamais vous rendre malheureuse , vous qui faites de son bonheur l'objet de tous vos soins : il est d'ailleurs trop prudent pour croire que la félicité ne consiste que dans la grandeur. Je vais le trouver sur le champ, & faire tous mes efforts pour le gagner. J'espere que vos vœux seront pour moi.

BESSY.

Allez ; je n'ose en faire de peur qu'ils ne soient trop à votre avantage. (*Il sort.*) Malgré la ferme résolution où je suis d'obéir à mon pere , je crains que l'amour ne me dérobe mon cœur en dépit du devoir. [*Elle sort.*]

SCENE III.

Bethnal-Green.

L'AVEUGLE conduit par un enfant.

ALlons, mon fils ; je m'apperçois que nous fommes ici à la fin de no-tre tournée. Tenez-vous près de moi. Voilà ce qui s'appelle un bon garçon.
[*Deux paffans traverfent le théâtre.*]
Souvenez-vous du pauvre Aveugle.

LE Ier. PASSANT.

Je n'ai rien pour vous, l'ami : on ne peut faire un pas fans être affaffiné du baragouin de ces mendians.

LE IIe. PASSANT.

C'eft une chofe infame que dans un pays de commerce, on n'employe point les pauvres de maniere ou d'au-tre. [*Ils fortent.*]

L'AVEUGLE.

J'ai bien peur que les riches ne foient auffi mal employés, & ce qu'il y de pis encore, c'eft que les pauvres ne font pas les feuls mendians. Les befoins réels ou imaginaires s'emparent de tous les états , & fi quelques uns demandent en haillons, on en voit qui n'ont pas honte de demander en velours. Tous les hommes font mendians d'une façon ou d'autre. Les feuls qui le foient d'une maniere fcandaleufe , font ceux qui demandent par impudence ce qu'ils devroient s'attirer par leur mérite.

SCENE IV.

L'AVEUGLE, un autre PASSANT.

L'A V E U G L E.

SOuvenez-vous du pauvre Aveugle.

LE PASSANT.

Bon foir, vieux voifin : vous voilà donc à votre ancienne place cet après-midi ?

L'A V E U G L E.

N'eft - ce pas-là mon voifin *Green-field* ?

LE PASSANT.

Lui-même.

L'Aveugle.

Vous avez été à la ville , sans doute ; Eh bien , quelles nouvelles ?

Le Passant.

Je n'ai rien appris, si ce n'est que le Comte d'Essex est mort ce matin.

L'Aveugle.

Le Comte d'Essex ! Voilà des nouvelles qui m'intéressent plus que vous n'imaginez.

Le Passant.

Je me flatte qu'elles ne vous font point de peine.

L'Aveugle.

Point du tout.

Le Passant.

Je vois Milord Ranby qui semble venir à vous , comme s'il avoit à vous parler.

L'Aveugle.

Milord Ranby ! Fort bien : je suis prêt à lui répondre. Ce digne Seigneur est un de ceux qui ont la bonté , parce qu'ils me croyent pauvre , de me solliciter à prostituer ma fille & à leur vendre son honneur pour de l'argent qui n'est pas à eux.

LE PASSANT.

Voilà une charité bien louable ! Je ne doute pas que vous ne le remerciez comme il mérite. Adieu, voisin.

[Il sort.]

L'AVEUGLE.

Je vous souhaite une bonne promenade.

SCENE V.

L'AVEUGLE, Milord RANBY.

RANBY.

EH bien, honnête mendiant, avez-vous pensé à loisir aux propositions que je vous ai faites la derniere fois ?

L'AVEUGLE

Oui, j'ai pensé à vous & à vos propositions avec mépris.

RANBY.

Avec mépris ?

L'AVEUGLE.

Oui, Milord, avec mépris.

RANBY.

L'ami, point d'impudence.

L'Aveugle.

Ce n'eſt point moi, Milord, qui ſuis l'impudent.

RANBY.

Ecoutez, vieux pere : ſans l'amour que j'ai pour vôtre fille, votre âge ne protégeroit point votre inſolence.

L'Aveugle.

Et ſans ce même âge, jeune homme, votre rang ne protégeroit pas la vôtre. Mon inſolence! Je veux que tu ſaches, orgueilleux Lord, que ma naiſſance eſt au moins égale à la tienne, & quoiqu'aujourd'hui je ne ſois qu'un mendiant, je n'ai point déshonoré ma famille, comme tu as déshonoré la tienne. Retournez chez-vous, jeune homme, & payez vos dettes : cela vous conviendra mieux que cette pourſuite infame.

RANBY.

A merveille. Je vous ferai peut-être repentir de votre liberté.

L'Aveugle.

Repentez-vous de vos folies, jeune tête. On n'a point à rougir d'une honnête liberté.

RANBY.

RANBY *à part.*

Il me confond de forte que je ne fai
que lui dire. [*haut.*] Je vous apprendrai à vivre, l'ami, pour cette impudence.

L'AVEUGLE.

Apprenez à vivre vous-même. Vous
l'avez toujours ignoré. Soyez fage &
corrigez-vous.

RANBY.

Dieu le damne ! Pourquoi m'a-t-il
fallu parler à ce maraud ? Je veux pourtant avoir fa fille, & puifque la douceur ne peut m'être utile, ayons recours
à la violence.

L'AVEUGLE.

Que les hommes font pour la plûpart
d'étranges créatures ! quel amas de con-
tradictions ! On les voit fans ceffe
pourfuivre le bonheur & ne prendre
d'ordinaire que les chemins qui mé-
nent à l'infortune, admirer toutes les
vertus dans autrui, & fe permettre à
eux-mêmes tous les vices, brûler pour
la réputation, & ne travailler que pour
l'infamie. Dans un monde auffi pervers,
la perte de la vûe n'eft pas un fi grand
mal qu'on fe l'imagine.

SCENE VI.

L'AVEUGLE,
JEAN SUBTIL, Quakre.

JEAN SUBTIL.

AMi, si rien ne t'en empêche, je voudrois te parler.

L'AVEUGLE.

N'entens-je point-là Monsieur Subtil?

SUBTIL.

Jean Subtil, à ton service.

L'AVEUGLE.

Fort bien, ami Subtil : que me voulez-vous ?

SUBTIL.

(a) Tu as une fille, ami, dont les charmes ont frappé mon œil d'étonnement & d'admiration. Comme un Chardonneret parmi les Paſſereaux, ou comme un Paon au milieu d'une baſſe-cour, telle eſt ta fille parmi les enfans des hommes : ſa beauté fait rougir la roſe de honte & palir le lys de jalouſie. Ami,

(a) Les Quakres affectent beaucoup le ſtyle Oriental de la Bible.

quelle pitié ce feroit que cet innocent agneau tombât parmi les loups & qu'il en fût dévoré !

L'AVEUGLE.

Ce feroit réellement le comble du malheur.

SUBTIL.

Mon ame fe fond dans la pitié : mon cœur eft ému pour elle de la plus tendre affection. Ami, qu'elle devienne ma fervante, & je la protégerai contre les attentats des profanes.

L'AVEUGLE.

C'eft-à-dire, ami, que tu voudrois toi-même débaucher ma fille, afin que les profanes n'euffent point à répondre de ce péché.

SUBTIL.

Ami, tu ne dois point appeller cela débaucher ta fille. Écoute, écoute : je vais te faire une propofition qui te plaira. Tu es pauvre, & tu fais que je fuis riche : quelle part de ma fortune veux-tu que je lui affigne? Tu n'as qu'à nommer la fomme, & je pafferai le contrat fuivant tes intentions.

L'AVEUGLE.

Comment un homme ofe-t-il avoir

l'impudence de demander à un autre
le prix de son honneur ? En vérité, ami,
tu dois être charmé que je sois aveugle.

Subtil.

Pourquoi donc, ami ?

L'Aveugle.

Parce que je ne puis voir la figure de
scélérat que tu dois faire maintenant.
Ote-toi de ma main, vil hipocrite, ou
je te ferai sentir le poids de mon ressentiment.

Subtil.

En vérité, en vérité, je te le dis,
ami : tu ne connois point les voyes du
monde, ni les sentiers de sa prudence.
[*à part.*] Mais je ne me rends point
encore : la fille peut avoir plus d'esprit
que le pere. Au moins dois-je l'essayer.

[*Il sort.*]

SCÈNE VII.

L'AVEUGLE, WELFORD.

WELFORD *à part.*

COmment lui parlerai-je ? A coup
sûr, il y a autour de ce bon vieillard quelque chose de vénérable, quelque chose qui inspire plus que le respect
ordinaire. [*Il s'approche.*] Je suis venu,
Monsieur, pour vous parler d'une affaire
qui m'est d'une extrême conséquence. Je
vous prie d'avance de ne me croire ni
impertinent, ni importun.

L'AVEUGLE.

Qui êtes-vous, Monsieur, vous qui
craignez d'importuner un pauvre mendiant ?

WELFORD.

Je m'appelle Welford.

L'AVEUGLE.

Oh ! Je vous connois très-bien, Monsieur Welford : votre pere étoit autrefois mon meilleur ami & mon bienfai-
teur. Le pauvre gentilhomme ! Tout

ce qu'il avoit, m'a-t-on dit, a été perdu
fur mer.

WELFORD.

Il eſt vrai ; & mon plus grand malheur en cela, c'eſt que je ſuis privé du
pouvoir de vous donner ces richeſſes.

L'AVEUGLE.

Je vous enténs : vous avez de l'in-
clination pour ma fille, & vous voudriez l'épouſer : j'en ai entendu dire
quelque choſe. Je ſuppoſe même que
c'eſt l'affaire qui vous améne vers moi,
Ne l'eſt-ce point ?

WELFORD.

Ce l'eſt, Monſieur, & j'eſpere que j'aurai votre conſentement.

L'AVEUGLE.

Monſieur Welford, j'avois pour votre pere tout le reſpect qu'il méritoit.
Pour l'amour de lui, j'ai de la conſidé-
ration pour vous. Vous n'avez malheu-
reuſement aucune fortune par vous-
même ; je ne voudrois pas que vous fuſ-
ſiez encore aſſez imprudent pour épouſer la fille d'un mendiant.

WELFORD.

J'ai déja appris à ne jamais placer
mon bonheur dans la jouiſſance des ri-

cheffes , & mon cœur me dit que le plus grand plaifir qu'il me fût poffible de goûter , ce feroit de vous foutenir vous & votre fille , par un travail honorable.

L'AVEUGLE.

Vos intentions font tout-à-fait obligeantes , & je ne doute point que votre amour pour ma fille ne foit très-fincere , mais je voudrois que vous puiffiez l'éteindre , car à vous parler franchement, j'ai déja pris mon parti: je dois la marier à Sir Guillaume Morley.

WELFORD.

Mais voudriez-vous la marier à Sir Guillaume contre fon propre confentement ?

L'AVEUGLE.

Je ne doute point de fon confentement: elle ne m'a jamais défobéi, & j'ofe dire qu'elle ne commencera pas à le faire.

WELFORD.

Non, Monfieur, non : fi vous le lui commandez, je fai qu'elle vous obéira ; mais je me flatte de connoître fon goût, & dans une affaire auffi importante pour elle , vous aurez fans doute quelque attention pour fon bonheur. C'eft un

point, Monfieur, fur lequel je vous prie
de vouloir bien réfléchir. Je le laiffe
enfuite à votre affection paternelle. Pour
le préfent, je ne vous troublerai pas davantage. [*Il fe retire.*]

L'Aveugle à part.

Mes réflexions font déja faites, &
j'efpere qu'elle fera les fiennes. Je ne
voudrois pas rendre ma fille malheureufe, ni la marier contre fon goût; mais
Sir Guillaume, outre fa grande fortune,
eft d'un naturel fi charmant, d'un caractere fi aimable, qu'elle en viendra
bientôt à goûter tout fon bonheur, &
qu'alors elle me remerciera de mes
foins. Allons, petit garçon, le vent
devient froid; retirons-nous de l'autre
côté.

SCENE VIII.

La maison de l'Aveugle.

SIR GUILLAUME, BESSY.

Bessy.

JE connois, Sir Guillaume, tout l'honneur que vous me faites ; je sai combien vous descendez au dessous de votre état en vous déterminant à épou-ser la fille d'un mendiant.

Sir Guillaume.

Ne parlons point d'inégalité, ma chere Bessy. Le véritable amour oublie les états : il méprise toute pensée aussi basse que celle de l'intérêt.

Bessy.

Bien des gens ne regarderoient un tel amour que comme une foiblesse. Que dis-je, vous-même, lorsque votre passion sera réfroidie ; lorsque la raison reprendra ses droits, vous regretterez peut-être comme une folie, ce que la chaleur de votre imagination vous fait regarder maintenant comme un amour sérieux.

Sir Guillaume.

Non, mon aimable Bessy ; cela est impossible : vos beautés ont subjugué mon cœur ; mais vos vertus assûrent votre conquête, & serviront à la proteger.

Bessy.

Excusez mes craintes, Sir Guillaume, je ne suis pas née pour la grandeur : je n'ose me risquer à un état si fort audessus de mon rang.

Sir Guillaume.

Cette idée injuste est si loin de la vérité, que c'est précisément votre état actuel qui ne vous convient en aucune façon. Vous avez assez d'attraits pour en orner un plus élevé, assez de bon sens pour le supporter facilement.

Bessy.

Je vois que vous me flattez ; mais quand ce que vous me dites seroit vrai, j'aimerois pourtant mieux servir mon pere dans son humble situation, que de m'exposer jamais à tomber d'une grandeur que je ne mérite ni n'ambitionne.

Sir Guillaume.

Suis-je donc à tel point l'objet de vo-

tre averſion, que la pauvreté, que dis-
je, le vil état de mendiant, ſoit préfé-
rable à la richeſſe préſentée de ma main?
Quel riſque, quel péril courez-vous ?
Mon offre n'eſt-elle point de vous
épouſer? Votre pere ne ſe joint-il pas à
moi pour obtenir de vous cette précieu-
ſe condeſcendance ? & ne devriez-vous
pas vous réjouir d'être bientôt à l'abri
de tous ceux qui environnent votre innocence, & qui chaque jour attaquent
votre chaſteté ? [*Ranby paroît.*] Mais
nous ſommes interrompus, je vais trouver votre pere & je reviens avec lui.

[Il ſort.]

SCENE IX.

BESSY, Milord RANBY.

RANBY.

BOn jour, ma petite chérubine! n'eſt-ce pas-là le grave chevalier qui voudroit vous porter à commettre avec lui le crime du mariage? Il me ſemble qu'il s'eſt retiré tout ſurpris, comme ſi ſa requête eût été mal reçue.

BESSY.

Suppoſé que cela fût, Milord, qu'en feroit-il?

RANBY.

Eh bien, ma chere petite, vous auriez fait très-prudemment; car il eſt auſſi ridicule à une jolie femme de ſe jetter à corps perdu ſur un mari, dans la vûe de préſerver ſon honneur, qu'il le feroit à un homme riche de donner ſon bien à un autre dans la crainte de le dépenſer.

BESSY.

Je crois plûtôt qu'il ſeroit auſſi ſot à

une femme de fe confier à un homme
fans le fceau du mariage , qu'il le feroit
à un marchand de hafarder fon vaiffeau
fur mer , fans l'avoir fait affûrer.

RANBY.

Un mari, mon enfant, devient votre
maître : un galant ne veut jamais être
que votre efclave & votre adorateur.

BESSY.

Un mari eft plûtôt le protecteur de
cette vertu dont un galant ne voudroit
me priver , que pour m'abandonner enfuite.

RANBY.

Penfez-vous donc qu'un amour contraint doive être de plus longue durée
qu'un amour libre & volontaire ?

BESSY.

Je croirois n'être que bien peu certaine de l'amour d'un homme qui craindroit de s'engager avec moi plus longtems que d'un jour à l'autre.

RANBY.

La meilleure fûreté que puiffe donner un Homme de naiffance, n'eft-ce
pas fon honneur ?

BESSY.

Tout homme qui me refuferoit une

autre sûreté que son honneur, je craindrois bien qu'il en eût trop peu pour que je m'y fiasse.

RANBY.

Eh bien, ma chere Bessy, pour en venir au fait avec vous, ma sincérité ne peut vous être suspecte, puisque je ne vous ai pas prié de vous fier à mon seul honneur; mais que j'ai offert de plus, de vous donner un très-riche entretien.

BESSY.

Oui, Milord; mais comme je n'en aime point les conditions, vous m'excuserez, je l'espere, de ne le point accepter.

RANBY.

Allons, allons, l'enfant, puisque je vous vois si obstinée, & que vous ne voulez point consentir à votre propre avantage, je suis contraint, ma chere, de vous y forcer vous-même. [*Il la saisit.*]

BESSY *effrayée.*

Que voulez-vous faire, Milord?

RANBY.

Vous rendre heureuse, mon ange, que vous le vouliez ou non.

BESSY.

Juste ciel, défens-moi. [*Elle se débat.*]

RANBY.

Ecoutez, petite, point de bruit,
point de défenſe, cela ne vous ſervira
de rien ; mais à propos que je n'oublie
point de tourner la clef.

SCENE X.

BESSY, RANBY, JEAN SUBTIL.

JEAN SUBTIL.

EN vérité, ami, tu l'aurois dû faire
plûtôt.

RANBY.

Maudit ſoit le ſaint hipocrite ! Quel
démon me l'envoye ?

BESSY.

C'eſt le ciel qui me l'envoye pour
défendre ma vertu : O ſauvez-moi de la
violençe de ce monſtre !

SUBTIL.

Oui je le ferai, je protégerai ta vertu, & te ſauverai [*à part.*] pour moi-
même. Ami, ami: pourquoi marches-
tu dans la vanité ? pourquoi veux-tu faire une choſe qui n'eſt pas droite ?

RANBY.

Ami, c'eſt toi-même qui la fais. Auſſi prends bien gardeà ce que je vais te dire. Si tu ne retournes ſur tes pas dans le moment même, je leverai ſur toi le bras de la chair, & ton iniquité retombera ſur tes os.

SUBTIL *à part.*

Hum ! L'eſprit brûle en moi: l'homme intérieur ſe tourne vers la colere. Je ferai pourtant mieux d'être tranquille, car je ſoupçonne qu'il eſt plus fort que moi. Je veux même eſſayer ſi je puis en venir à mon but en paroiſſant me joindre à lui. [*à Ranby.*] Réprime ta colere, ami : je ne veux point te tromper. A te dire le vrai, je ſuis venu ici dans le même deſſein que toi, & je pourrois par aventure t'être de quelque utilité, en perſuadant à cette chaſte vierge, de ſe rendre à tes ſollicitations. Qu'en dis-tu? L'eſſayerai-je ?

RANBY.

Ainſi donc la paſſion charnelle ſe couvre du voile de la ſainteté ! Que diable lui pourra-t-il dire ? Cela doit faire une ſcene bien riſible. Je veux l'entendre. Eh bien, ami, eſſaye tes talens

ſur

auprès d'elle ; mais, entens-tu ? Ne vas
pas jouer au double.

SUBTIL.

Tu feras mon juge.

BESSY.

Que fignifie ce pourparler ? Je fuis
dans des tranfes affreufes.

SUBTIL.

Belle vierge, je fuis ému, étrange-
ment ému, comme fi l'efprit me pouf-
foit vers toi dans ce moment. Ne t'é-
tonne donc point, fi je te prie, fi je te
perfuade même de répondre à la fin de
ta création. Le foleil de ta beauté
nourrit mon amour comme une plante :
mon ame brûle, oui, je brûle exceffive-
ment de goûter tes appas, de fentir les
doux charmes de ton fein palpitant...

[Il s'approche d'elle.]

BESSY lui donnant un foufflet.

Sens d'abord ma main, pieux hipocrite ! Hélas, hélas ! Que vais-je devenir ?

RANBY.

Ami, comment trouves-tu fa maniere de faluer ? Il me femble qu'elle t'a
fait porter la marque de fes careffes.

Tome I.   **M**

SUBTIL.

Vraiment, ami, si sa main est sa plus douce partie, son cœur doit être extrêmement dur.

RANBY.

Je ne vois aucune apparence de la gagner par douceur. Supposé donc que nous la forcions à monter dans mon carosse, & que nous l'entraînions bongré, malgré, à une petite maison que j'ai à 10 milles d'ici, nous l'y ferons consentir à nos desseins.

SUBTIL.

Ami, la proposition est bonne, & je t'y assisterai.

RANBY.

Venez, Mademoiselle; il est inutile de résister, il faut partir dans ce moment-même.

BESSY.

Pour l'amour de Dieu, Milord, arrêtez. Songez, je vous en conjure, à mon pauvre pere aveugle, & ne lui ôtez point sa fille unique, le seul soutien de son vieux âge. Hélas, il mourra de désespoir.

RANBY.

Allons, allons, suivez-nous : votre résistance est inutile.

BESSY.

Que le ciel préserve ma vertu ! Au
secours, au secours !

[*Dans l'inftant qu'ils l'entraînent tous
deux vers la porte, Welford entre & faifit l'épée du Lord Ranby.*]

SCENE XI.

RANBY, SUBTIL, BESSY, WELFORD.

WELFORD.

COquins ! Que fignifie cet outrage ?

RANBY.

Que l'enfer m'engloutiffe ! Nous
fommes trahis.

WELFORD *à Ranby.*

Lâche-la, te dis-je, ou ce moment
eft ton dernier. [*Il lui met l'épée fur la
poitrine.*]

RANBY.

Arrêtez, arrêtez, je ne la tiens plus.
Prenez garde, la pointe pourroit me
bleffer.

M ij

WELFORD.

Vil poltron, pourquoi crains-tu la mort ? Ne devrois-tu pas plûtôt avoir honte de vivre ? [*Il court à Beſſy.*] Comment ſe porte mon amour ?

BESSY.

O mon cher ſauveur, mon cher libérateur ! Que mon cœur ſeul te remercie, car je ne puis parler.

WELFORD.

Ne tremblez plus , mon aimable Beſſy : raſſurez-vous, vous dis-je, le danger eſt paſſé. Allons, regardez-moi: vils raviſſeurs ! Comment avez-vous eu la hardieſſe de profaner ainſi la demeure ſacrée de ce pauvre vieillard ? N'avez-vous point ſongé que les Dieux prendroient ſon parti ?

RANBY.

Le Dieu d'amour, ce me ſemble, auroit dû prendre le nôtre, & il l'auroit fait ſans doute, s'il eût été fidéle à ſon caractére.

SCENE XII & derniere.

BANBY, SUBTIL, BESSY,
WELFORD, L'AVEUGLE,
& SIR GUILLAUME MORLEY.

BESSY.

O Mon pere, mon pere ! Je vis donc encore pour vous revoir.

L'AVEUGLE.

Que veux dire, ma chere fille ?

RANBY.

Ça, ça : nous allons entendre une triste histoire : comment un tourterelle est échappée de la serre sanglante d'un oiseau de proye.

SUBTIL.

Ou comment un pauvre agneau s'est vû tirer des machoires d'un loup dévorant.

WELFORD.

Pouvez-vous connoître si bien vos affreux caracteres, & ne pas vous détester vous-mêmes?

L'Aveugle.

N'entens-je point-là Milord Ranby ?
& l'ami Subtil ? Qu'ont-ils donc fait ?

Subtil.

Oh rien, en vérité !

Bessy.

Ces deux scélérats avoient formé ensemble un infame dessein contre ma
vertu : ils auroient voulu m'entraîner
loin de vous, si le bras de mon cher
Welford ne se fût mis entre eux pour me
protéger. Pardonnez-moi, mon pere,
si je l'appelle mon cher Welford ; c'est
à sa protection que je dois ma vie &
mon honneur.

L'Aveugle.

Malheureux que vous êtes ! Que
vous avois-je fait, pour tenter ainsi de
rendre ma vieillesse infortunée ?

Ranby.

Nous ne songions point du tout à ta
vieillesse, nous ne pensions qu'aux charmes & à la jeunesse de ta fille.

L'Aveugle.

Je vais la mettre sur le champ hors de
l'atteinte de vos passions viles, & effré-
nées. Sir Guillaume, la vertu de ma
fille....

BESSY.

O mon pere , permettez-moi de dire
un mot, & ce fera le feul. J'eftime infiniment la vertu & l'honneur de Sir
Guillaume Morley, & fi vous m'ordon-
nez de l'époufer, je préfére trop votre
fatisfaction à la mienne, pour ne point
facrifier mon bonheur à mon obéiffance.
Je ferai même tous mes efforts pour
joindre mon cœur à ma main ; mais hélas ! pardonnez fi je vous avoue avec
frenchife, que je fens ce cœur former
des fouhaits bien différens.

L'AVEUGLE.

Ma fille , laiffez-moi finir. La vertu
de Beffy, Sir Guillaume, a gagné mon
cœur : j'avois deffein de vous la donner ;
un amour auffi honnête & auffi généreux
que le vôtre , étoit bien digne de cette
récompenfe ; mais vous avouerez vous-
même que je ne dois pas contraindre une
enfant fi aimable & fi pleine de tendreffe
pour moi. Pourrois-je la rendre malheureufe , elle qui préfere mon bonheur au
fien propre ?

SIR GUILLAUME.

Je reconnois la juftice de vos fenti-
mens, quoique mon cœur s'éleve con-

tre eux. Ma chere Beſſy, je vais tâcher de ſurmonter cet amour qui ne pouvoit me rendre heureux, puiſqu'il feroit votre malheur.

WELFORD.

Trop généreux Morley!

RANBY.

Mais après-tout, il y a dans la vertu un véritable plaiſir que nous autres libertins ne ſavons pas gouter.

L'AVEUGLE.

Approchez, Welford. Votre pere étoit un digne homme & le meilleur de mes amis. Sa généroſité m'a ſouvent ſecouru dans mes beſoins apparens, & ſon bon naturel m'avoit donné part à ſon amitié. Je ſuis charmé que vous ayez hérité de ſon mérite, quoique le ciel vous ait privé de ſa fortune. Ma fille vous aime, recevez-la de ma main reconnoiſſante, & permettez-moi d'ajouter à ce don celui de 5000 guinées.

BESSY à *Welford*.

Cinq mille guinées!

L'AVEUGLE.

Ne ſoyez point ſurpris. Longtems caché dans cette promenade ſous l'extérieur d'un pauvre mendiant, je ne ſuis

point

point autre que Sir Simon Montford que
l'on ne croit plus au monde depuis
quelques années. C'eſt ici que j'ai vécu,
& que ſous une apparence trompeuſe,
j'ai ſauvé ces foibles reſtes d'une fortune
autrefois plus puiſſante.

BESSY.

Je ſuis ſi étonnée que je ne ſai trop ſi
j'en dois croire mes ſens : pourquoi mon
pere s'eſt-il caché de moi ſi longtems ?

L'AVEUGLE.

Il le falloit, ma chere enfant, mais
aujourd'hui, je ne ſuis plus dans la néceſſité de me dérober au monde. Le
Comte d'Eſſex qui a longtems pourſuivi
mes jours, eſt mort ce matin. Vous allez entendre la cauſe de ſon inimitié.
Dans un combat que nous livrames aux
Gallois, ſon pere qui ſervoit en qualité
d'Enſeigne, s'enfuit & occaſionna la
perte de la bataille. Lorſque je lui en
fis mes juſtes reproches, il eut l'audace
de me donner un démenti, de m'appeller coquin, & de s'efforcer de me
noircir moi-même. Je le défiai ſur le
champ, & ſon malheur ayant voulu
qu'il périt de ma main, je me ſuis vû
forcé depuis ce jour, de me ſouſtraire à

la vengeance de son fils,

WELFORD.

Ma chere Bessy, la surprise que me cause un retour de fortune si imprévu, m'ôte jusqu'à l'expreſſion.

BESSY.

Que votre joye soit égale à la mienne, & je suis trop heureuse.

WELFORD.

O mon pere ! Accordez-moi la douceur de vous appeller ainsi. Le bonheur que vous me procurez en me donnant votre fille, eſt à moitié détruit par cette richeſſe inattendue- Le plaiſir que je me promettois de travailler un jour de mes propres mains pour soutenir le pere de mon amour, ce doux plaiſir n'exiſte plus ; mais j'ai toujours lieu de me réjouir, puiſque *le cœur de mon adorable Bessy eſt délivré de toute inquiétude, & que ſes belles mains n'auront point de travail à partager. Puiſſe le monde retenir de là cette maxime certaine, que le véritable amonr joint à la vertu, a le ciel pour protecteur !*

F I N.

LE DIABLE

A QUATRE,

OU

LES FEMMES

METAMORPHOSEÉS.

COMEDIE BURLESQUE

En un Acte.

N ij

PERSONNAGES.

SIR JEAN LOVERULE, Seigneur
de campagne, chéri pour sa douceur
& pour sa générosité.

LADY LOVERULE, femme de Sir
Jean, impérieuse, grondeuse, criar-
de, méchante diablesse.

JOBSON, savetier, vassal de Sir Jean,
chanteur de pseaumes & de vieilles
romances.

HELENE, sa femme, bonne & simple
villageoise.

LUCIE,
CLAUDINE, } Femmes de Lady
Loverule.

Le Sommelier.
Le Cuisinier,
Le Valet de chambre, } de Sir Jean.
Le Cocher

UN ASTROLOGUE.

Domestiques, Vassaux, &c

La Scene est dans un Village.

LES FEMMES
METAMORPHOSÉES.

***

SCENE PREMIERE.

La maison du Savetier.

JOBSON, HELENE.

HELENE.

O H ! Je vous en prie, notre
homme, restez ce soir avec
moi, & tâchez pour aujour-
d'hui, d'être gai auprès de
votre femme.

JOBSON.

Taisez-vous, Madame la drôlesse :
allez-vous-en filer. Si je manque de fil,
pour mon ouvrage, je vous punirai par
la vertu de mon autorité souveraine.

HELENE.

Tredame ! On ne doute point de cela ; tandis que vous prenez vos ébats
dans un cabaret, que vous y dépenſez
notre argent, que vous vous y ſoulez
comme une bête, revenez enſuite au
logis ivre comme une ſoupe, & traitez
une pauvre femme pis qu'une chienne.

JOBSON.

Plaît-il ? Je crois que vous raiſonnez;
comment diantre, effrontée que vous
êtes, vous parlez mal du gouverne-
ment ! Ne ſavez-vous pas, coquine,
que je ſuis Roi dans ma maiſon, & que
vous venez de faire un crime de leze-
majeſté ?

HELENE.

A-t-on jamais rien entendu de pareil?
Mais, je vous prie, cher Jobſon, n'allez pas ce ſoir au cabaret.

JOBSON.

Eh bien, je veux te ſatisfaire une fois
dans ma vie ; mais que cela ne te rende
pas impertinente. Je ſuis invité à boire
avec le Sommelier de Sir Jean, & je
dois m'enivrer comme un prince avec
de l'excellent punch. Nous en aurons
une jatte aſſez grande pour y nager à
notre aiſe.

H ELENE.

Mais on m'a dit, notre homme, que
f'anouvelle femme ne vouloit fouffrir
chez elle aucun étranger, elle plaint à
fes gens jufqu'au moindre verre de petite
bierre, & plufieurs de fes métayers font
revenus chez eux la tête caffée de la
propre main de Madame, pour avoir
feulement flairé de la bierre forte dans fa
maifon.

J O B S O N.

Que le diable l'emporte, la vifion-
naire qu'elle eft! Elle fait tourner la tête
à notre brave Seigneur ; mais aujour-
d'hui elle eft allée voir fes parens, & ne
reviendra au château que fort avant dans
la nuit. Auffi comptons-nous boire à
gogo, & faire des gambades au fon du
violon.

HELENE *fautant au cou de Jobfon.*

O notre cher homme, que je vous
accompagne : nous nous divertirons
toute la nuit.

J O B S O N.

Comment, friponne, effrontée, pendarde ! Vous voudriez que je vous me-
naffe dans une compagnie de domefti-
ques bien ivres, bien repus, chantans,

N iiij

danſans , & ne ſongeans qu'à.... Non ;
non , Madame la carogne , je ne veux
point que l'on me faſſe.... Vous m'entendez ?

HELENE.

Je ſuis ſûre que l'on m'y recevroit très-
bien. Vous m'avez promis de me faire
voir la maiſon ; voici la premiere fois
que le maître & les domeſtiques y viennent depuis que je vous ai épouſé & que
vous m'avez conduite ici.

JOBSON.

Comment, audacieuſe coquine, oſez-
vous encore diſputer contre moi, votre
ſeigneur & maitre ! A l'ouvrage, vîte ,
à l'ouvrage, ou je m'en vais te viſiter
les côtes avec mon tire-pié, que rien
n'y manquera.

AIR 1.

Le maître ſot qui ſe marie ;
Fait le ſuplice de ſa vie ;
Mais lorſque ſa chere moitié
Veut faire le dragon, tempêter, ſe débattre ;
Qu'il prenne un nerf de bœuf, un cuir, un tire-
    pié,
Et que dix fois par jour en ſigne d'amitié ,
Il vous la frotte comme quatre.

HELENE.

Eh oui : voilà où en font réduites les pauvres femmes : il faut qu'elles foient toujours vos efclaves, & qu'elles n'ayent jamais de plaifirs, tandis que vous autres hommes, vous courez & galopez partout où bon vous femble.

JOBSON.

Encore ! impertinente commère. Je vous faucerai de la bonne forte. Qu'on fe retire.

HELENE *s'en allant.*
J'obéis.

JOBSON.

Un moment : tiens, maintenant que j'y penfe, voilà fix fols que je te donne. Achete des pommes & de la petite bierre, donne-toi des airs de grande dame en te gonflant de pain & de beurre ; divertis-toi dans ta propre compagnie, & cours te rouler dans ton étable. [*Il fort en chantant.*]

Le maître fot qui fe marie,
Fait le fupplice de fa vie, &c.

SCENE II.

La maison de Sir Jean.

LE SOMMELIER, LE VALET
DE CHAMBRE, LE CUISINIER
LE COCHER, LUCIE,
CLAUDINE &c.

LE SOMMELIER.

JE voudrois bien que notre aveugle
fût ici avec son violon, & que l'on
vît arriver celles de nos voisines qui aiment la danse, nous nous réjouirions un
peu, tandis que notre grenadiere de
maîtresse n'est pas au château. Je vous
ai fait-là une terrible jatte de punch.

LUCIE.

Nous aurions grand besoin de quelques occasions pareilles pour nous divertir de tems en tems, car notre méchant diable de nouvelle maîtresse ne
souffrira jamais qu'on le fasse à ses oreilles.

LE SOMMELIER.

Je gage avec qui voudra, qu'on trouve plus de gaité dans une galere, qu'il n'y en a maintenant dans tout le château. Notre maître est bien le plus digne Seigneur ! Ce n'est que douceur & que liberalité.

LE VALET DE CHAMBRE.

Oui, la maison est devenue sans dessus dessous : on n'y connoît plus rien : c'étoit le ciel : c'est l'enfer depuis que Milady y est entrée.

LUCIE.

Sa premiere épouse n'étoit que vertu & que bonté.

LE SOMMELIER.

Ah ! Rien de plus vrai : Dieu veuille avoir son ame ; mais celle-ci est possédée d'une légion de diables qui l'agitent comme une furie.

LUCIE.

Je suis sûre que je la sens toujours sur mes os. Que son teint vienne à lui déplaire, ou qu'à son lever elle se trouve jaune, j'en ai, moi, pour trois jours à être toute bleue de meurtrissures.

LE CUISINIER.

La peste l'étouffe ! Je n'oserois m'ap-

procher d'elle ; elle m'a déja caffé la tête
au moins cinq ou fix fois. Elle une femme ! Dieu me béniffe ! Une ourfe, une
lionne, eft un animal plus traitable.

Le Valet de Chambre.

Que le ciel protege mon pauvre maître. Ce maudit gendarme déguifé, cette
infupportable criailleufe le fera mourir
tôt ou tard. Je ne l'ai jamais vû fi changé.

Le Cuisinier.

Il y a dans fa pefte de langue un
mouvement perpétuel, avec un fon fi
cruellement aigu, qu'en voilà plus qu'il
n'en faut pour crever le timpan de l'o-
reille d'un honnête homme.

SCENE III.

L'Aveugle avec son violon.

JOBSON, des Voisins.

Les Acteurs précédens.

LE SOMMELIER.

SOyez tous les bien arrivés, mes chers voisins, nous sommes tous ravis de vous voir. Eh bon jour, bon homme Jobson : mon vieil ami, comment te portes-tu ?

JOBSON.

Par ma foi, notre ami, j'ai toujours un brave penchant pour le punch, & quoique je ne fois qu'un pauvre favetier, je fuis venu ici dans la ferme réfolution de m'eniyrer auffi richement qu'un Milord. Je fuis un véritable Anglois, voyez-vous, & je regarde l'ivrognerie comme la partie la plus effentielle de la liberté d'un fujet.

LE SOMMELIER.

Allons, Jobſon, il faut faire marcher cette jatte en proceſſion générale.
Une chanſon maintenant pour couron-
ner notre joye.

AIR 2.

Viens aimable Bacchus, charme de la nature;
　　　　Pere de la joye & du vin;
　　　　Dans des flots de ton jus divin
　　　　Noyons la plainte & le murmure;
　　　　Noyons la peine & le chagrin.
Careſſons tour-à-tour la jatte pétillante ;
Que chacun à l'envi célebre tes faveurs :
Et puiſſe à chaque inſtant cette fête brillante
De ton riant empire augmenter les douceurs.

Jette ſur nous, Bacchus, tes regards favorables
　　[*la table.*]　　　　　　　　[*le punch.*]
C'eſt ici ton autel, & voilà notre encens:
　　　　Daigne rendre à jamais durables
　　　　Et notre ſoif & tes préſens.
Que les heures par toi s'écoulent ſans viteſſe;
Remplis tous nos momens, prolonge nos loiſirs;
　　　　Fais-nous vivre dans l'allégreſſe,
　　　　Et mourir au ſein des plaiſirs.
　　　　　　[*Le chœur.*]
　　　　Fais-nous vivre, &c.

SCENE IV.

Les Acteurs précédens,

SIR JEAN ET MILADY.

Lady LOVERULE.

JUste ciel ! Que vois-là ? Qu'apperçois-je dans ma maison ? L'enfer
s'est-il déchaîné ! Quelle troupe de
furies & de démons ! Parle, maraud,
[*au Sommelier.*] Réponds-moi, impudent
coquin ?   SIR JEAN.

Au nom de Dieu, ma chere !... Comme c'est maintenant une saison propre à
la joye, ça toujours été ma coutume
dans ma maison d'accorder à mes domestiques une honnête liberté, & de
recevoir chez moi les gens de mon voi-
sinage, pour qu'ils s'y amusent à des
jeux innocens.

Ladi LOVERULE.

Je vous dis, Monsieur, que vous vous
mêliez de vos affaires; je prétens gou-
verner ma maison sans votre secours;
vous demanderai-je permission pour
corriger mes gens ?

SIR JEAN.

J'aurois crû, Madame, que c'étoit

ici mon château , & que ces gens-là
étoient mes domeſtiques & mes vaſſaux.

Lady LOVERULE.

Ne vous ai-je apporté une dot ſi conſi-
ſidérable que pour me voir ainſi maltrai-
tée devant mes propres domeſtiques ?
Oſez-vous douter du pouvoir que j'ai
ſur eux, ingrat que vous êtes ? Mêlez-
vous de vos chiens & de vos chevaux,
quand vous ſerez dehors ; mais ici, ſa-
chez que je prétens avoir ſeule le droit
d'y commander. Je ne ſouffrirois pas
que perſonne me controllât, fût-ce le
plus grand chaſſeur de la chrétienté.

SIR JEAN.

AIR 3.

Vous qui pour le bien de mon ame,
Prîtes ce diable , ce dragon ,
Et me le donnâtes pour femme ,
Grand Dieu ! Je bénis votre nom ;
Mais ſi de vos décrets l'auguſte Providence,
A quelque rang plus haut voulût la deſtiner ;
Faites briller votre puiſſance ,
Je ſuis prêt à la réſigner.

Ladi LOVERULE.

Ah ! Je vous apprendrai à flairer
ainſi les morceaux, à piller ainſi mes
proviſions , inſolens marauds , vilaines
ſalopes

falopes que vous êtes. A ce que je vois,
vous voudriez me ruiner.

LE SOMMELIER.

J'ai cru, Madame, que nous pou-
vions nous divertir un jour de fête, sans
tirer à conséquence.

Ladi LOVERULE.

Un jour de fête, insolent papiste ! Y
a-t-il un jour plus saint qu'un autre ? Et
s'il y en a quelqu'un, faut-il que vous le
choisissiez de préférence pour vous
soûler [*Elle le bat.*] [*à Lucie.*]
maître coquin ? Et vous, friponne,
vous aimez donc à gambader au son
d'un abominable violon : apprenez,
drôlesse, apprenez que toute fille qui
aime la danse, sent la prostituée. Ah !
je vous y ratrapperai..... [*Elle lui tire*
les oreilles.]

LUCIE *criant.*

Miséricorde ! Elle m'a arraché les
deux oreilles.

SIR JEAN.

Eh, je vous supplie, Madame, faites attention à votre sexe & à votre qualité. Votre conduite me fait rougir.

Ladi LOVERULE.

Songez à votre sottise, vous qui par-

lez. Je n'ai que faire de vos inſtructions.
[*à Jobſon.*] Qui es-tu , toi , groſſe buſe,
qui te caches de la ſorte ?

JOBSON *s'eſquivant.*

Je ſuis , Madame , un honnête hom‑
me de ſavetier , qui n'aime qu'à chan‑
ter des pſeaumes. Si votre grandeur
daignoit aller à l'égliſe , elle m'enten‑
droit par-deſſus les autres.

Ladi LOVERULE.

Oh ! je puis voir ici comme tu chan‑
tes , maître juré pendard ! [*Elle le*
pourſuit en le battant.]

JOBSON.

Bon Dieu ! Bon Dieu ! La peſte l'é‑
trangle ! Que diable a-t-elle dans le
corps ?

Ladi LOVERULE.

Sors d'ici , infâme ſcélérat , malheu‑
reux , bélitre !

SIR JEAN.

Finiſſez donc , Madame ; vos façons
d'agir ſont monſtrueuſes.

Ladi LOVERULE.

Juſte-ciel ! vît-on jamais une pauvre
femme auſſi à plaindre ! Faut-il que j'aye
un brutal pour mari , moi qui ſuis en
tout ſi douce & ſi ſoumiſe ?

JOBSON *fort en chantant.*
Le maître fot qui fe marie,
Fait le fupplice de fa vie.

Ladi LOVERULE.
Encore, coquin ! Infâme, maraud !

SIR JEAN.
Songez à votre état : fongez à la mo-
deftie.

Ladi LOVERULE.
Je vous ferai tous éprouver ma vengeance. Je t'apprendrai, toi, à râcler
ainfi de ton infâme violon. [*Elle prend
le violon & le caffe fur le dos de l'aveugle.*]

L'AVEUGLE.
Au meurtre ! au meurtre ! je fuis un
pauvre aveugle ! Par où me fauverai-je
d'ici ? Jufte ciel ! Elle a rompu mon
violon, & ruiné ma femme & mes enfans.

SIR JEAN.
Tiens, mon pauvre homme : prends
ton bâton & retires-toi. Voilà de l'argent pour t'acheter deux autres violons.
C'eft ici ton chemin. [*L'aveugle fort.*]

Ladi LOVERULE.
Il me femble, Monfieur, que vous
êtes bien libéral. Faut-il que mon bien

s'en aille ainſi en pures diſſipations ?

SIR JEAN.

Retirez-vous , de grace , dans votre appartement , & tâchez un peu de cal‑ mer vos eſprits.

Ladi LOVERULE,

Oh le méchant homme qui m'envoye prier !

SIR JEAN *à part.*

Ce n'eſt , je le vois bien , que par le mariage , qu'un homme peut devenir complettement malheureux ; mais puiſ‑ que la loi nous accorde une ſéparation réciproque , elle joüira ſeule dès de‑ main de tous ſes avantages. [*On frappe à la porte.*]. Holà quelqu'un ! Faut-il que mes propres domeſtiques ayent peur de moi ? V oyez qui eſt-ce qui frap‑ pe.

Ladi LOVERULE.

Holà hée ! quelqu'une de mes fem‑ mes ! Truandes, coquines, ſalopes ! des lumieres , vîte des lumieres.

[*Un domeſtique entre avec des bougies.*]

LE SOMMELIER.

Monſieur , voici un Docteur qui ha‑ bite à 10 milles d'ici. Il pratique la mé‑ decine & l'aſtrologie : vous le connoiſ‑

fez très-bien. C'eſt cet habile homme qui fait des almanachs , & qui retrouve ce qu'on a perdu.

LE DOCTEUR *entre.*

Je vous demande pardon , Monſieur, de la liberté que je prens : je me ſuis égaré , & la nuit eſt ſi obſcure que j'aurois peine à retrouver mon chemin. Je connois votre hoſpitalité , & vous ſupplie de me permettre de reſter ici juſqu'à demain.

Ladi LOVERULE.

Hors de ma maiſon , vilain ſorcier, infâme magicien !....

LE DOCTEUR *à part.*

Oh , oh ! Voici bien du changement; Fort bien : ſi j'ai quelque puiſſance , tu te repentiras de ta ſottiſe.

SIR JEAN.

Vous voyez , mon ami , que je ne ſuis plus le maître chez moi. Pour éviter d'y paſſer une mauvaiſe nuit , prenez le petit chemin que vous allez voir , & marchez encore un quart de mille , vous verrez une maiſon de ſavetier , entrez-y pour un moment : j'enverrai un domeſtique pour vous conduire à celle d'un de mes fermiers qui vous recevra très-bien,

LE DOCTEUR.

Je vous remercie, Monsieur : je suis
votre très-humble serviteur. [*à part.*]
Pour votre femme que voici, la nuit ne
se passera pas sans qu'elle éprouve mon
ressentiment. [*Il sort.*]

SIR JEAN.

Venez, venez, Madame : Il faut ab-
solument que nous ayions ensemble une
conversation sérieuse.

Ladi LOVERULE.

Oh, je saurai bien réformer votre
maison, malgré tout ce que vous pou-
rez dire. Jour de Dieu ! Je vous la mettrai sans dessus dessous.

[*Elle sort.*]

SCENE V.

La Maison du Savetier.

HELENE, LE DOCTEUR.

On voit une table avec un pot de petite bierre.

HELENE.

SOyez le bien venu, mon cher Monsieur. Encore un coup, je vous prie. *Elle lui présente le pot à bierre.*

LE DOCTEUR.

Je vous remercie de tout mon cœur, ma bonne femme ; & pour vous récompenser de votre politesse, je vais vous dire votre bonne aventure.

HELENE.

Oh ! je vous en supplie, Monsieur ; dites-la-moi, on ne me l'a jamais dite de ma vie.

LE DOCTEUR *la regardant.*

Que je considére un peu les traits de votre visage.

HELENE *s'essuyant avec son tabl'er.*

J'ai peur, Monsieur qu'il ne soit pas des plus propres. J'ai travaillé toute la journée à différens ouvrages.

LE DOCTEUR.

Allez, allez : vous ne devez point rougir de votre visage ; vous le montrerez bientôt dans un rang plus élevé.

HELENE.

Jesus, Monsieur, je serai toute honteuse : je manque toujours de hardiesse, lorsque je me trouve devant des Seigneurs.

LE DOCTEUR.

Prenez confiance & ne craignez rien: je vois une fortune éclatante qui vous attend.

HELENE.

Sainte dame ! L'homme admirable ! Que le ciel en soit béni !

LE DOCTEUR.

Demain avant le lever du soleil, vous ferez la plus heureuse femme du pays.

HELENE.

Demain, dès demain ! Bon Dieu ! Et comment cela peut-il arriver, Monsieur ?

LE

LE DOCTEUR.

Vous n'aurez plus auprès de vous un brutal de mari qui vous bat & se moque sans cesse de vous.

HELENE.

Bonté du ciel! comment fait-il tout cela? Il faut que ce soit un sorcier. A dire le vrai, Monsieur, mon mari est quelque fois bien dur, & me bat même lorsqu'il a bu; mais dans le fond c'est un honnête homme, un homme qui se donne beaucoup de peine, & il faut bien que je le laisse faire, Allons, Monsieur, encore un coup de bierre.

LE DOCTEUR.

Fort obligé. Demain, croyez-moi, vous serez la plus riche dame du pays, & l'on vous verra dans un beau carosse qui sera à vous.

HELENE.

Miséricorde! Vous vous moquez de moi.

LE DOCTEUR.

Je vous jure par mon art que je vous dis vrai : mais écoutez bien ce que je vais vous dire : soyez pleine de confiance, & soutenez votre nouveau rôle, ou tout votre bonheur s'évanouiroit.

HELENE.

Oh! ne craignez rien, Monſieur : je vous réponds de moi. Bon dieu ! un caroſſe !

SCENE VI.

HELENE, LE DOCTEUR, JOBSON.

JOBSON.

OU eſt ma coquine de femme ? Holà hé , Hélene ! Que diable ! t'es-tu déja ſoulée avec ta petite bierre ?

HELENE *lui ſautant au cou.*

Oh , notre homme ! nous avons ici l'homme le plus admirable !.... il vient de me dire ma bonne aventure.

JOBSON.

Oui-dà, madame la drôleſſe , & ne m'auroit-il pas planté la mienne ſur ma tête, hem ! veux-tu répondre ?

LE DOCTEUR.

Votre femme eſt la vertu même , & vous êtes cent fois trop heureux.

JOBSON.

Hors de ma maison, infame efcamo-
teur, trompeur juré, déteftable char-
latan! Faut-il que ce foit de vils coquins
comme vous autres mackmaticiens, &
faifeurs d'afmonas qui viennent me faire

HELENE.

Je te prie, Jobfon, ne te fâche pas:
nous allons devenir riches tous les deux,
& nous aurons dès demain un beau caroffe.   JOBSON.

Un caroffe! une charette, une brouet-
te, vilaine que tu es! Par faint Jacques! elle eft foule, foule à en crever,
ivre morte. Va te coucher, coquine,
va te coucher. [*Il la bat.*]

HELENE *pleurant.*

Miféricorde! Miféricorde! Eft-ce-là
le commencement de ma fortune?

LE DOCTEUR.

Tu aurois bien mieux fait de ne la
pas toucher, maraud que tu es.

JOBSON.

Hors d'ici, te dis-je, chien de bélitre, à tous les diables. Sors de ma maifon, ou je vais t'enfoncer mon aleine
dans le derriere.

P ij

LE DOCTEUR.

Adieu, méchant drôle.

JOBSON.

Hors d'ici, maroufle. [*Il sort.*]

La scene repréfente tout à coup une campagne déferte ; l'Aftrologue y fait fes conjurations au milieu du vent, des éclairs, & du tonnerre. Dans l'inftant Ladi Love-rule fous les traits d'Hélene, fe trouve tranfportée dans le lit du favetier, tandis qu'Hélene fous les traits de Ladi Love-rule, eft dans celui de Sir Jean,

SCENE VII.

La Maifon de Jobfon.
*On voit Ladi Loverule couchée fur un lit
au fond du théâtre.*

JOBSON *à fon ouvrage fur le bord du
théâtre.*

QUel diable de tems a-t-il fait cette nuit ? Je n'ai jamais entendu de tels éclats de tonnerre. J'ai craint que ma chaumiere ne s'en allât à tous les diables ; mais à préfent le ciel eft éclairci, & je vois briller les étoiles. Allons, mettons-nous à l'ouvrage : comme dit l'autre, le tonnerre d'hiver eft l'étonnement de l'été.

Il fe met à travailler & chante. (a)

(a) J'avertis que je ne me fuis point piqué de traduire tous les airs de cette piéce. Je n'en ai pris qu'un très-petit nombre. Les couplets que chante ici le bon homme Jobfon, font d'une efpece qu'il feroit impoffible de faire fentir. Un vieux ftile de romance joint à une plaifanterie de favetier fur le mot *foul* qui fignifie ame & *fole* qui veut dire femelle, en fait tout le mérite : ces deux mots fe prononcent de même.

Ladi LOVERULE *s'éveillant.*

Ah, juste ciel ! Quel est cet impudent coquin, cet infame chanteur de
balades qui ose ainsi me réveiller ? Je
vous ferai mourir sous le. bâton, maraud.

JOBSON.

De par tous les diables ! ne parle-t-el-
le pas en dormant ? ou seroit-elle encore
ivre ? [*Il chante.*]

Ladi LOVERULE.

Ah, ah ! coquin, maroufle, qui faites ici - près plus de bruit qu'un chien
qu'on éventre, où sont mes domestiques ? Holà quelqu'un ! qu'on me coupe
les jarrets à ce maraud-là.

JOBSON *se retournant.*

Comment diantre ! Madame l'effrontée ! Ah, ah ! Vous soulerez-vous encore avec le sorcier ? hem ! Plait-il ? Je
vous donnerai de l'argent une autre fois
pour aller acheter de la bierre, salope
que vous êtes.

Ladi LOVERULE.

Miséricorde ! Quelle horreur ! Je ne
trouve plus le cordon de ma sonnette.
Où sont mes gens ! Mes gens ! qu'on me
mette ce coquin en piéces ; qu'on me le

berne dans une couverture.

JOBSON riant.

Ah, ah, ah! La drôlesse est encore endormie! Le sorcier lui a dit qu'elle auroit carósse : ne la voilà-t-il pas qui rêve à son équipage? [*Il chante.*]

Ladi LOVERULE.

Sir Jean, mon mari! Souffrirez-vous que l'on m'insulte de la sorte?

JOBSON.

Son mari, dit-elle, Sir Jean! De quoi diable va-t-elle s'aviser de me faire ainsi gentilhomme, comme si mon nom n'étoit pas Jobson! Voilà une bonne plaisanterie, ma foi!

Ladi LOVERULE.

Juste ciel! il est sorti! Il n'est plus auprès de moi : miséricorde! Où suis-je? Fi, quelle abominable odeur! Des draps gros comme des torchons! Un méchant rideau tout en loques! Une couverture infame! Un matelas pourri! Suis-je éveillée, ou plûtôt n'est-ce point un rêve? [*Elle voit Jobson.*] Quel coquin apperçois-je dans la chambre? Parle, maraud : où suis-je! Qui m'a transportée ici, bélitre que tu es?

P iiij

JOBSON.

Oh ! pour le coup, voici qui me sur-
prend : je ne l'ai jamais entendu parler
ainsi... Si je prends mon tire - pied, &
que je vous en frotte les côtes, Madame l'ivrogneſſe, je vous ferai bien connoître votre mari. Je vous apprendrai à
parler ſur un autre ton, impudente que
vous êtes.

Ladi LOVERULE.

Oh, quel comble d'inſolence ! Toi,
mon mari, infame ! Je te ferai pendre,
maraud que tu es ! Apprens que je ſuis
une femme de qualité : mais réponds-
moi, vil coquin ! nomme-moi celui qui
m'a fait prendre de l'opium pour me
tranſporter ici.

JOBSON.

De l'opium ! Oui, oui, Madame l'i-
vrogneſſe, tu en as avalé hier de bonnes
raſades avec cent fievres qui te ſerrent !
Comment diable ! ta bierre n'eſt pas encore cuvée ?

Ladi LOVERULE.

Où ſuis-je ? ô ciel ! où ſuis-je ? Où
mon infame mari m'a-t-il fait tranſporter?
Lucie, Claudine ! où ſont mes femmes?
Que ſont devenues ces ſalopes-là ?

JOBSON *riant.*

Ah, ah, ah! n'appelle-t-elle pas ses femmes? Je commence à croire que le forcier l'a rendu folle, non content de la rendre ivre.

Ladi LOVERULE.

Il parle de forcier: à coup sûr je suis ensorcelée. Juste ciel! Quels habits vois-je-là? Une robe de laine toute rapiécée; une coëffe de coton, un jupon rouge! Quelque magicien m'a transportée ici de ma propre maison. Dieux! que ferai-je? que vais-je devenir?

[*On entend un bruit de cors & de chiens.*]

JOBSON.

Entens-tu nos chasseurs qui sont déjà dans la plaine? Allons, Nell (*a*), allons paresseuse que tu es: il est grand jour: veux-tu bien te lever? A l'ouvrage, coquine, à l'ouvrage: va-t'en filer, & vîte, ou je te repasserai de la bonne façon. Que diable cela veut-il dire? Faut-il que tous les matins je me mette au travail deux heures avant vous?

Ladi LOVERULE.

Comment, maraud, impudent bélitre! ne me connois-tu pas?

(*a*) Diminutif d'*Helene.*

JOBSON.

Si je te connois ! Oh , n'en doute pas : je te connois à merveille , & même avant qu'il soit peu , je vais t'apprendre à me connoître aussi.

Ladi LOVERULE.

Je suis la femme de Sir Jean Love-rule : comment se peut il que je me trouve ici ?

JOBSON.

La femme de Sir Jean ! Oh que nenni , Nell ; tu n'es pas encore aussi méchante qu'elle. Cette louve damnée , cette exécrable visionnaire tourmente tous ceux qui l'approchent : le pays entier accable de malédictions.

Ladi LOVERULE.

En voilà plus que je n'en puis souffrir ; insolent , maraud , scélérat ! Je vous apprendrai à vivre. [*Elle lui jette le chevet & la couverture.*]

JOBSON.

Oh , ma foi , en voilà aussi plus que je ne lui en ai jamais vû faire , elle qui n'a jamais sû me dire la moindre injure. Ça , ça , mon tire-pied. Oh , je m'en vais vous en donner , coquine que vous êtes : je vous apprendrai à être sobre , je vous en répons. [*Il la bat avec son tire-pied , & la poursuit sur la scene.*]

Ladi LOVERULE.

Ah, je te couperai la gorge, infame! Je t'arracherai les yeux. Je fuis
femme de qualité, maraud. Au meurtre! Au meurtre! Sir Jean vous fera
pendre pour votre crime, miférable!
Au meurtre, au meurtre, au meurtre!

JOBSON.

Allons, allons, folle fieffée, tréve
de frénéfie, & qu'on fe mette à filer, ou
je vous étrillerai fi bien que vous ne
l'aurez jamais été mieux depuis le ventre
de votre mere. [*Il l'a conduit à fon
rouet.*] Prenez-moi cela, pendarde, ou
jour de Dieu!...
[*Elle renverfe le rouet: il l'étrille avec
une laniere.*]

Ladi LOVERULE.

Arrêtez, Arrêtez, je ferai ce que
vous voudrez.

JOBSON.

Oh! Je favois bien, moi, que je te
rangerois à ton devoir.

Ladi LOVERULE.

Jufte ciel! Que ferai-je? Je n'ai jamais fû filer.

JOBSON.

Je vais me remettre à ma befogne: il

commence à faire grand jour.

[Il chante & s'apperçoit ensuite qu'elle gâte l'ouvrage.]

Ah, ah ! je pense que la tête lui a tourné réellement. Avez-vous oublié à filer, Madame la fainéante ?

Ladi LOVERULE.

Oui : mais je n'ai pas oublié à courir. J'aime mieux m'en fier à mes pieds : je trouverai quelqu'un dans le village qui viendra à mon secours. *[Elle se sauve, Jobson court après elle.]*

SCENE VIII,

*La scene repréfente le château de Sir Jean.
Hélene paroît au fond du théatre couchée fur un lit pompeux,*

HELENE *fe réveillant.*

LE charmant rêve que j'ai fait cette nuit! Il m'a femblé que j'étois dans le paradis couchée fur un lit de lys & de rofes, & que j'avois à mon côté le plus joli mari du monde.... Bonté du ciel! Où fuis-je maintenant? Que de beautés j'apperçois! Il n'y a point de jardin dans le printems qui puiffe les égaler. Suis-je dans un lit? à coup fûr les draps font de fatin. Il n'eft point de linge fi doux que cette étoffe. Que vois-je? de quelle robe m'a-t-on revétue! c'eft de la foye, Ciel! Je rêve. Oh! je voudrois ne me jamais réveiller. Je fuis fûre que je fuis morte cette nuit & que me voici dans le ciel. [*Elle tire le cordon de la fonette fans fe douter de ce qu'elle fait.*]

SCENE IX.

HELENE, LUCIE.

LUCIE *seule.*

C'Eſt maintenant qu'il me faut eſ-
ſuyer un orage qui va durer juſqu'au ſoir. Le premier bon jour qu'elle
va me donner, ce ſera de m'appeller ſa-
lope, ou coquine.... *Elle s'approche ſur
la pointe du pied & parle à demi voix.*
Madame, Madame.

HELENE.

Oh, doux ſauveur ! Que vois-je-là ?
Que voulez-vous, ma chere enfant ?

LUCIE.

Ma chere enfant ! Bon Dieu ! ma
chere enfant ! Les noms les plus doux
que j'aye reçus d'elle depuis trois mois,
ça été gueuſe ou catin.... Quelle robe &
quelles manchettes Madame veut-elle
mettre aujourd'hui ?

HELENE.

Que veut dire cela ? Madame.... une
robe...: des manchettes.... Oh, pour le

coup, je ne rêve plus. Je me rappelle ce que m'a dit le Devin.

LUCIE.

Madame ne vient-elle pas de parler ?

HELENE.

Oui, mon cher cœur : je mettrai celles que j'avois hier.

LUCIE.

Mon cœur ! Ah, juste ciel ! Quel miracle !

SCENE X.

HELENE, LUCIE, CLAUDINE.

CLAUDINE.

MAdame est-elle éveillée ? Vous a-t-elle déja jetté à la tête son soulier ou sa pantoufle ?

LUCIE.

Oh non, je ne me sens point d'aise: Elle est ce matin de la meilleure humeur du monde. Approchez-vous & parlez-lui : c'est votre tour.

CLAUDINE.

Mon tour ! Oui, pour me voir meur-trir de coups, n'est-ce pas ? [*doucement.*] Madame!

HELENE.

Que dites-vous, ma poule? O Dieu! Que me veut celle-ci ?

CLAUDINE.

A quel ouvrage, Madame veut-elle que je m'occupe aujourd'hui?

HELENE

HELENE.

De l'ouvrage, mon enfant ! Aucun ouvrage : c'eſt fête aujourd'hui ?

CLAUDINE.

Grands Dieux ! ſuis-je bien éveillée ? Dort-elle encore, ou rêvons-nous toutes deux ? Quel heureux changement !

LUCIE.

Si cela continue, le bonheur reviendra dans la maiſon.

[*Hélene ſe léve, ſe conſidére, & s'avance ſur le bord du théatre.*]

CLAUDINE.

Le chocolat de Madame eſt tout prêt.

HELENE *à part.*

Chocolat ! Seigneur Dieu ! de quoi veut-elle parler ? De quelque ajuſtement, je parie. [*haut.*] Eh bien, mon cœur, mettez-le moi.

CLAUDINE.

Que je vous le mette, Madame ;.... Je l'ai déja verſé.... Il eſt tout prêt à boire.

HELENE.

Mettez-le ſur la table, voulois-je dire... Je ne le boirai que dans un moment.

SCENE XI.

HELENE, LUCIE, CLAUDINE, LE CUISINIER.

LUCIE & CLAUDINE.

OH ! maître Jacques ! Vous allez être tout ébahi de trouver Madame de si bonne humeur.

LE CUISINIER.

Que diable ! Sont-elles devenues folles ?

LUCIE.

Madame, voici le cuisinier qui vient recevoir vos ordres pour le dîner.

HELENE *à part.*

Vertu-choux ! voilà un beau cuisinier, cela ! Il a tout l'air d'un Monsieur: [*haut.*] En vérité, brave homme, j'ai déja bien faim. Apportez-moi, je vous prie, une tranche de lard grillé, un morceau de gros fromage, & un peu de pain blanc.

LE CUISINIER.

Justice du ciel ! Quel changement !

La tête m'en tourne. *Brave homme*, m'a-t-elle dit : je m'attendois à quelque *maraud*, *bélitre*, *scélérat*, tout au moins. Elle a furieusement changé de ton, & de goût pour sa nourriture. J'ai peur, Madame, que dans la matinée le fromage & le lard ne soient trop lourds pour l'estomach de Madame. Si Madame le trouve bon, je vais faire au moment même une petite fricassée de poulets, à moins que Madame ne préfere un ris de veau.

HELENE.

Tout ce qui vous plaira, mon cher cuisinier.

LE CUISINIER.

Mon cher Cuisinier ! son cher cuisinier ! Voilà ce qui s'appelle une femme charmante !

SCENE XII.

Les Acteurs précédens.

LE SOMMELIER.

LE CUISINIER *lui sautant au cou.*

Baise-moi, Nicolas, pour ma bonne nouvelle. Je ne sai plus où j'en suis. Nous avons maintenant la maîtresse du monde la plus douce, & la plus aimable....

LE SOMMELIER.

Que me veut dire ce nigaud-là avec son attrape ? Je pense que vous êtes tous des écervelés. Les filles elles-mêmes me semblent bien joyeuses.

LUCIE.

Madame, voici le sommelier qui vient prendre vos ordres.

HELENE.

Oh, je vous prie, Monsieur le Sommelier, faites-moi avoir une pinte de petite bierre lorsque mon déjeuner arrivera.

LE SOMMELIER.

Monfieur le Sommelier ! Monfieur le Sommelier ! Je fuis pétrifié d'étonnement. Madame n'aimeroit-elle pas mieux un verre de *Frontignan* ou de *Lacrima-chrifti* ?

HELENE.

Bon Dieux ! Quels étranges noms font-ce-là ? Mais il ne faut pas que je me trahiffe. Eh bien, oui : comme il vous plaira, Monfieur le Sommelier.

SCENE XIII.

Les Acteurs précédens.

LE COCHER.

LE SOMMELIER.

ALlons, entrez à votre tour ; & partagez notre joye.

LE COCHER.

Maître Jacques vient de faire là-bas je ne sai combien de gambades. Vous moquez-vous aussi ?

LUCIE.

Le cocher, Madame.

LE COCHER.

Je viens savoir de quelle voiture Madame veut se servir aujourd'hui, du carosse, ou de la chaise ?

HELENE.

Merci de mes jours ! Quelle heureuse fortune ! Je prendrai le carosse, s'il vous plait.

Le Cocher *levant les mains.*

Oh, pour le coup, le ciel tombera un jour, cela est certain.

HELENE.

A peine puis-je croire que je sois éveillée. Que je suis ravie de me voir tout ce beau monde-là pour domestiques! O respectable Devin! La tête me tourne. Je suis toute étourdie de mon propre bonheur.

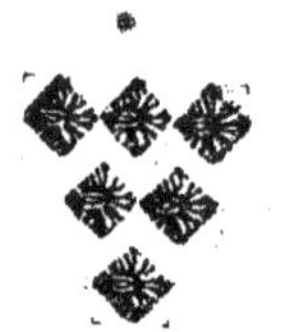

SCENE XIV.

Les Acteurs précédens.

SIR JEAN LOVERULE.

Tous ses gens se jettent à sa rencontre.

LE SOMMELIER.

OH, Monsieur, vous allez apprendre une nouvelle bien singuliere.

LUCIE.

Vous ne vous y attendez sûrement pas, Monsieur ; vous allez être tout surpris, tout enchanté.

SIR JEAN.

Comment ! Qu'est-ce ? Etes-vous foux ? Qu'y-a-t-il ? Je vois la gaité répandue sur tous les visages. Que veut dire cela, mes amis ?

LE SOMMELIER.

Oh, mon cher maître, tous vos gens sont à l'heure qu'il est, bien changés : tout est nouveau dans la maison. Nous sommes presque foux par l'excès de

notre

notre joye ; les gens les plus heureux,
les plus....

LUCIE.

Oui, Monſieur, Miladi, Miladi....

SIR JEAN.

Quoi ! ſeroit-elle morte ?

LE SOMMELIER.

Morte ! Le ciel nous en préſerve !
C'eſt maintenant la meilleure des femmes, le caractére du monde le plus affa-
ble.

SIR JEAN.

Voilà réellement quelque choſe qui
m'étonne. Je vais la voir & me mettre
au fait de ce changement. Si ce que vous
me dites ſe trouve vrai, il eſt certain
que je me croirai fort heureux.

LE SOMMELIER.

Vrai ! Monſieur, vrai ! Oh rien de
plus vrai, ſur mon honneur. (a) Huzza !
Vive Sir Jean & Miladi. Huzza !

[*Ils ſortent tous.*]

____

(a) Cri de joye très-ancien & très-uſité parmi
le peuple.

SCENE XV.

HELENE *seule.*

JE me souviens à merveille que le devin m'a dit de souffrir mon nouvel état sans me démentir, ou qu'il m'en arriveroit pis qu'auparavant. Je suis toute honteuse, & ne sai que faire de tant de cérémonies. Je suis si étonnée que je me sens toute hors de moi. J'ai regardé dans la glace, & j'y ai vû un joli minois que je ne me suis jamais connu. Il me semble que mon visage d'aujourd'hui ne ressemble en rien à celui que j'ai vû chez moi dans mon petit miroir cassé, au-dessus de la huche ; mais les grandes dames, m'a-t-on dit, ont des glaces qui ne les représentent point à elles-mêmes dans leur véritable état, tandis que les miroirs des petits les rendent au pur naturel.

LUCIE *entre.*

Madame, voici mon maître qui revient de la chasse.

SCENE XVI.

HELENE, SIR JEAN.

HELENE.

BOn Dieu! Que vois-je! Ce beau Monſieur-là mon mari!

SIR JEAN.

Ma chere femme, je ſuis ravi de voir toute ma maiſon ſi tranſportée à votre ſujet.

HELENE

Je m'eſtimerai toujours fort heureuſe, Monſieur, de contribuer en tout à votre propre ſatisfaction, & à celle de vos gens.

SIR JEAN.

Par le ciel! je ſuis enchanté, comblé de joye. Ma chere créature, continuez à vous conduire ainſi, & je vous préfere au monde entier; mais cela peut-il être réel! Puis-je en croire mes ſens?

HELENE.

Ah, Monſieur! Je prens toutes les puiſſances céleſtes à témoin que je vous parle très-sérieusement. [*Elle se mes à genoux.*]

SIRE JEAN *la relevant.*

Levez-vous, ma chere ame, vous me comblez de joye. Où sont mes amis, mes voisins, mes domestiques? Qu'on les appelle tous, & qu'ils viennent être les témoins de ma félicité.

[*Il sort.*]

HELENE *à part.*

Le charmant mari ! Il sent aussi bon qu'un bouquet. Que le Ciel conserve mon esprit !

SCENE XVII.

La Maison de Jobson.

Ladi LOVERULE.

Y Eut-il jamais une femme auſſi mal-
heureuſe que je la ſuis ! Je ne trouve pas une ame dans le village qui veuille me reconnoître : ils ſont tous entrés
dans la conſpiration , dans le complot
diabolique que mon infame mari a formé contre moi. Il faut que je paroiſſe
m'y ſoumettre , ſi je veux trouver dans
la ſuite une occaſion d'exécuter mon
projet. Voici le maraud de ſavetier qui
revient ſur ſes pas : je voudrois l'étran-
gler de mes propres mains ; mais il me
faut faire de néceſſité vertu.

SCENE XVIII.

Ladi LOVERULE, JOBSON.

JOBSON.

Viens-çà, Nell : Eh bien, mon enfant, commences-tu à reprendre tes sens ?

Ladi LOVERULE.

Oui, mon mari, je vous suis obligée. Je ne sai ce que j'avois. Je suis sûre que ce maudit devin avoit mis quelque poudre dans ma boisson.

JOBSON.

De la poudre ! Ah parbleu, le brasseur avoit mis ce qu'il falloit dans sa bierre. Voilà tout. De la poudre, dit-elle ! Ah ! ah ! ah ! [*Il rit.*]

Ladi LOVERULE.

Je ne m'étois jamais sentie de la sorte depuis que je me connois.

JOBSON.

Non, non, & cela ne t'arrivera plus, j'imagine ; tu ne m'obligeras pas davantage de te visiter les côtes d'une si terri-

ble façon. C’eſt une peine, j’eſpere,
que tu auras déſormais la bonté de m’é-
pargner.

Ladi LOVERULE *àpart.*

Auſſi te ferai-je couper la main droite,
maître coquin, pour le crime qu’elle a
commis. [*haut.*] Pour cela, mon mari,
avouez qu’il étoit bien cruel à vous de
me maltraiter ainſi ?

JOBSON.

Bon, bon ! en voilà bien d’un autre;
Je vais chez Sir Jean : tous ſes voiſins,
ſes amis, ſes vaſſaux y ſont invités. On
doit y rire, y boire, y manger, y faire
chere lie pour trois mois.

Ladi LOVERULE.

Oh, mon mari ! n’irai-je pas avec
vous ?

JOBSON.

Que diable as-tu encore à l’heure
qu’il eſt ? Ne t’ai-je pas dit hier que je
te frotterois de la belle ſorte pour une
pareille priere ? oſez-vous maintenant
revenir à la charge ?

Ladi LOVERULE *àpart.*

Que veut dire le maroufle avec ſon
hier & les coups qu’il prétend m’avoir
donnés ?

J O B S O N.

Jour de Dieu ! A peine y a-t-il ſix
ſemaines que nous ſommes mariés, &
vous brûlez déja de me faire cocu ! Reſte au logis, coquine, & que la fiévre te
ſerre ! Tu trouveras du bon pâté froid
dans la huche ; mais pour ce qui eſt de
forte bierre, Madame l'ivrogneſſe, on
vous en donnera une autre fois. [*Il ſort.*]

Ladi L O V E R U L E.

Fort-bien, je ne ſerai pas long-tems
à te ſuivre ; je trouverai ſûrement quelqu'un de mes domeſtiques qui me recon-
noîtra. Il eſt impoſſible qu'ils trem-
pent tous dans un complot auſſi infame.

(*a*)

(*a*) J'ai paſſé une ſcéne qui ne contient qu'un
duo de tendreſſe & de raviſſement mutuel entre
Sir Jean & Hélene.

SCENE XIX.

Le Château.

HELENE, SIR JEAN,

Voifins, Amis, Vaffaux & Domefti-
ques, Ladi LOVERULE.

Ladi LOVERULE.

AH ! ah ! Je trouve ici un beau tapage, & une curée charmante. Infame fommelier ! coquin ! belitre !

LE SOMMELIER.

Que cherchez - vous donc ici ? Qui
êtes-vous ?

Ladi LOVERULE.

Impudent que vous êtes , vous ne
connoiffez pas votre maîtreffe ?

LE SOMMELIER.

Ma maîtreffe ! voilà qui eft plaifant !
Qu'on me mette cette folle à la porte.

Ladi LOVERULE.

A la porte , fcélérat ! reçois cela en
attendant. [*Elle lui jette un verre à la
tête.*]

Le Valet de Chambre.

Prenez garde à vous, Madame la
drôlesse : il y a une pompe dans la cour;
nous pourrions bien vous y rafraîchir.

Ladi Loverule.

Et vous, Lucie, m'avez-vous oubliée, carogne que vous êtes?

Lucie.

Oubliée, bonne femme ! Je n'aurois
garde de me souvenir de vous : je ne
vous ai jamais vûe.

Ladi Loverule.

Oh la malheureuse ! Je vais te donner lieu de te souvenir de moi, insolen-
te ! [*Elle bat Lucie.*]

Lucie.

Au meurtre ! au meurtre ! au secours!

Sir Jean *derrierre la scéne.*

Qu'est-ce donc ? Qu'entends-je-là?
D'où vient ce nouveau tapage ?

Ladi Loverule.

Et vous, Claudine, catin, salope !
direz-vous aussi que vous ne me connoissez pas ? [*Elle la poursuit.*]

Claudine.

Au secours ! à l'aide ! miséricorde !

Sir Jean *se montrant.*

Qu'y-a-t-il donc-là?

LE SOMMELIER.

Ma foi, Monsieur, c'est une folle
fieffée qui se prétend Miladi Loverule,
& qui, pour nous en convaincre, bat
& souflette tout le monde.

SIR JEAN *à Ladi Loverule.*

Toi ma femme! La pauvre eréature!
J'en ai compassion. Je ne t'ai jamais vûe
de mes jours.

Ladi LOVERULE.

Il est donc inutile que j'attende du
secours de toi, misérable auteur de toutes mes peines.

HELENE *à part.*

Que je suis confuse & désolée! Pour-
roit-ce bien être moi là-bas dans mes
propres habits qui viens de faire tout ce
vacarme? Cependant je suis bien sûre
que me voici revêtue de ces riches étof-
fes. Comment tout cela peut-il s'arran-
ger? Je suis si confondue, si effrayée,
que je commence à me repentir de n'ê-
tre plus avec Jobson.

Ladi LOVERULE.

A qui pourrai-je me confier, & de quel
côté fuir? Juste ciel! Que vois-je? [*elle
apperçoit Héléne à l'autre bout du théatre.*] Ne me vois-je pas-là moi-même,

avec la robe & le jupon que j'avois hier ?
Comment cela peut-il être ? Je ne puis
me trouver à deux endroits à la fois.

Sir Jean.

La pauvre malheureuse ! Elle est folle à lier.

Ladi Loverule.

De par tous les diables ! pouvois-je
être ici avant que d'y être arriveé ? Que
je me voye un peu dans la glace : juste
ciel ! Je suis étonnée, confuse : je ne me
connois pas moi-même. Si je suis telle
que la glace me le fait voir aujourd'hui,
ce n'a donc jamais été moi que j'y ai
vûe.

Sir Jean.

Quelle horrible folie !

SCENE XX,

Les Acteurs précédens.

JOBSON *son tire-pied à la main.*

Ladi **LOVERULE** *s'avançant vers
Hélene*

Voilà, voilà ma propre figure : voilà le diable qui m'a volé ma ressemblance. [*Elle apperçoit Jobson.*] Ne le voilà-t-il pas aussi, le maraud ?

JOBSON.

Oui, oui, me voilà, Madame l'effrontée, & voici mon tire-pied avec moi.

HELENE *reculant d'effroi à la vûe de
Jobson.*

[*à part.*] O Dieu ! J'ai peur que mon mari ne me batte. Je vais me sauver de l'autre côté de la salle.

JOBSON.

Je supplie Monsieur & Madame, de vouloir bien lui pardonner. Elle a bû hier au soir avec un sorcier. Le maroufle l'a rendue si folle, qu'elle se croit Miladi Loverule.

SIR JEAN.

La pauvre femme ! Prenez en bien
foin, Jobfon, & furtout ne lui faites
point de mal ; elle peut en guérir.

JOBSON.

Oui, oui, avec la permiffion de votre grandeur, vous allez me voir appliquer le remede fpécifique. Voyez-
vous cela, coquine ! [*Il montre fon tire-
pied.*]

HELENE *tremblante.*

Ah, je te prie, cher Jobfon, ne me
bats point.

SIR JEAN.

Que veut dire mon amour ! La folie
de cette femme pourroit-elle vous gagner ?

HELENE.

Je ne fai où j'en fuis. Je ne me trouve pas bien : conduifez-moi là-dedans.
[*Elle fort avec Lucie.*]

JOBSON.

Je vous prie, Monfieur, de ne m'en
pas vouloir pour la folie de cette vifion-
naire. J'aurai foin qu'elle ne vous in-
commode pas davantage.

SCENE XXI.

Les Acteurs précédens.

UN LAQUAIS, LE DOCTEUR.

LE LAQUAIS.

MOnfieur, le Docteur qui a paru chez vous hier au foir, demande avec inftance à vous dire un mot fur une affaire très preffante.

SIR JEAN.

Que veut dire tout ceci ? Qu'on le faffe entrer.

LE DOCTEUR *fe jettant aux genoux de Sir Jean.*

Je me jette à vos genoux , Monfieur , pour vous prier très-inftament de me pardonner ce que j'ai fait. Je remets ma vie entre vos mains.

SIR JEAN.

Que voulez-vous dire ?

LE DOCTEUR.

J'ai rendu votre époufe la victime de mon art : je fai que vous avez trop d'honneur pour m'ôter une vie que j'aurois pû vous dérober, si je l'euſſe voulu.

Sir Jean.

Ah ! Vous me faites ſoupçonner un malheur inſupportable. Faut - il que toute ma félicité s'en aille ainſi en vi-ſions !

Le Docteur.

Je vous conjure, Monſieur, de ne rien craindre : s'il en arrive le moindre mal, ma vie eſt en votre pouvoir,

Sir Jean.

Expliquez - moi donc ce que vous avez fait.

Le Docteur.

J'ai transformé de telle ſorte le viſage de Miladi, qu'elle paroît maintenant la femme du ſavetier ; j'ai donné de même à la ſavetiere la reſſemblance de votre épouſe ; & la nuit derniere , lorſque l'orage ſe fit entendre, mes eſprits les porterent mutuellement dans le lit l'une de l'autre.

Sir Jean.

Ah ! Malheureux ! qu'avez-vous fait ? Vous m'avez perdu. Me voilà tombé du faîte de mes eſperances. Je ſerai

ſans

ſans ceſſe tourmenté par cette femme impétueuſe, par cette cruelle furie qui ne m'a jamais donné ni tréve ni repos depuis que je vis avec elle.

LE DOCTEUR.

Si cela eſt ainſi, Monſieur, je puis continuer le charme pour toute leur vie.

SIR JEAN.

Non, non : maintenant que je ſuis inſtruit, c'eſt au ſort à décider de l'événement ; mais je te fais pendre ſi tu ne romps pas le charme à l'inſtant même.

LE DOCTEUR.

Eh bien, Monſieur, vous allez être obéi : peut-être même trouverez-vous ce moment le plus heureux de votre vie. Je ſuis certain que vorre femme ſe conduira mieux à l'avenir. [*Il ſort.*]

SIR JEAN *le retenant.*

Arrête.... Il y a un point très-eſſentiel que je voudrois ſavoir.

LE DOCTEUR.

Que ſeroit-ce, Monſieur ?

SIR JEAN.

Le ſavetier l'aura peut-être.... Tu m'entends ?

LE DOCTEUR.

Raſſurez-vous, Monſieur : avant

qu'elle fût portée dans le nouveau lit ;
le favetier étoit à l'ouvrage , & depuis
ce moment il n'a fait que la battre. Vous
êtes fur le point d'en cueillir le fruit. Il
va venir dans la minute : il entre.

SCENE XXII.

Les Acteurs précédens.

JOBSON

Sir Jean.

EH bien, Jobfon , où eft votre
femme ?

Jobson.

Sauf le refpect dû à votre grandeur ,
elle eft encore à la porte ; mais en confcience, j'ai crû que j'allois la perdre tout-
à-l'heure. Lorfqu'elle paffoit fous le
veftibule , il lui a pris un tel évanouiffe-
ment , que j'ai crû qu'elle ne pouvoit en
revenir ; mais une chiquenaude ou deux
fut le nez , & quelques bons coups de
courroie en ont fait l'affaire. Hola hée !
notre ménagere , arriverez-vous ?

SCENE XXIII.

Les Acteurs précédens.

Ladi LOVERULE.

LE SOMMELIER *leve sa bougie pour la voir, & la laisse tomber dès qu'il reconnoît sa Maîtresse.*

O ciel ! O terre ! Est-ce bien-là Miladi ?

JOBSON.

Que diantre dit-il-là ? Notre femme feroit devenue Miladi.

LE CUISINIER

Ma foi, oui : c'est-elle-même. Aussi bien l'autre m'a-t-elle toujours paru trop bonne pour être notre vraie Maîtresse.

Ladi LOVERULE *s'adressant à Sir Jean, & se jettant d genoux.*

Vous êtes, Monsieur, la personne que j'ai le plus offensée. Je confesse ici que j'ai été envers vous la plus méchante des femmes. Ma seule vertu a été de

S ij

conferver mon honneur. (*a*) Si vous daignez encore me reprendre avec vous, je ne m'emploierai le refte de mes jours qu'à remplir mon devoir & à fuivre vos volontés.

Sir Jean.

Levez-vous, Madame, je vous par-donne : fi ce que vous me dites eft fin-cére, vous me rendrez vous feule plus heureux que tous les plaifirs du monde ne le pourroient fans vous.

Jobson.

Que diable ! Faut-il que je perde ainfi ma femme !

(*a*) On fe rappelle les vers du faux Sofie, dans l'Amphitrion de Moliere.

Un mal d'opinion ne touche que les fots ;
  Et je prendrois pour ma devife :
  Moins d'honneur & plus de repos.

SCENE XXIV.

Les Acteurs précédens.

LUCIE, CLAUDINE.

LUCIE *toute essouflée.*

AH ! Monsieur, il vient de nous arriver le plus étrange de tous les accidens. Miladi s'est trouvée tout-à-coup si mal, si mal, que nous avons crû qu'elle en mourroit.

CLAUDINE.

Et lorsqu'elle est revenue de son évanouissement, ce n'étoit plus la même femme.

JOBSON *riant.*

Ah parbleu ! Voilà de beaux contes à dormir de bout.

LUCIE.

Elle est si changée que je ne l'ais pas reconnue : c'est un visage que je n'ai jamais vû de mes jours.

[*Elle apperçoit Ladi Loverule.*] Ah !... Justes Dieux ! Est-ce là Miladi ?

CLAUDINE.

Nous allons encore avoir les étri-
vieres.

LUCIE.

Je sentois bien que notre bonheur
étoit trop grand, pour qu'il pût être
durable.

Ladi LOVERULE.

Ne craignez rien, mes enfans : mon
seul but désormais sera de vous rendre
heureuses.

SCENE XXV & derniere.

Les Acteurs précédens.

HELENE.

HELENE.

LA tête me tourne, me fend, se
bouleverse : il faut que je m'en aille
chez moi. Ah, Jobson, te voilà !

JOBSON.

Corbleu ! Cette belle dame seroit ma
femme. De par tous les diables ! Je vais
m'approcher d'elle, & savoir un peu ce
que veut dire ceci.

SIR JEAN.

C'est le changement du monde le
plus heureux : je veux qu'on le célebre
avec encore plus d'éclat que je n'ai fais
célébrer ma courte vision.

Ladi LOVERULE.

C'est aujourd'hui pour moi le jour le
plus fortuné que j'aye jamais connu.

SIR JEAN.

Tiens, l'ami Jobson, reprends ta

femme avec toute la braverie.

JOBSON.

Un mot, Monsieur ? Ne m'auriez-vous pas fait ? .... Vous m'entendez de reste, & ne voudriez-vous pas me dorer la pillule ?.... hem !

SIR JEAN.

Non, sur mon honneur ; mais puisque c'est par le moyen de ta femme que cet heureux changement vient d'arriver chez moi, prends cette bourse de 500 guinées : retourne chez toi avec Hélene, & fais provision de cuirs & d'outils.

JOBSON *aux domestiques.*

Ça, mes braves amis, me voilà prince. Je suis le Roi des Savetiers. Viens ici, Nell, & baise-moi : je te promets de ne te plus froter.

HELENE.

En vérité, mon mari, j'ai eu un réve si terrible que j'en suis tout-à-fait lasse ; mais après tout, Madame, vous plairoit-il de reprendre vos habits, & de me rendre les miens ?

JOBSON.

Tais-toi, sotte ; ils te serviront pour tes atours de dimanche.

Ladi

Ladi LOVERULE.

Je veux que tu les gardes pour l'amour de moi : je conserverai les tiens comme des reliques.

JOBSON *s'approchant d'un air humble.*

Et Madame pourra-t-elle aussi me pardonner si généreusement de l'avoir étrillée d'une si belle maniere ?

Ladi LOVERULE.

De tout mon cœur : la joie que j'ai d'un événement aussi rare, me fait oublier tout.

JOBSON.

Soit : oublions tout ce qui s'est passé, & ne songeons qu'à nous bien réjouir.

AIR dernier.

SIR JEAN.

Amis, fixons du tems la durée incertaine :
Chantez, riez, dansez ; partagez mon bonheur :
    Le destin le plus enchanteur
Remplace mes tourmens & succede à ma peine.

JOBSON.

Qu'aucun lugubre souvenir

T

Ne trouble aujourd'hui notre joye ?
Moquons-nous du sombre avenir :
Dans le passé que tout se noye,
Hormis Bacchus & le Plaisir.

FIN.

9 782329 062143